文春文庫

バナナの丸かじり

東海林さだお

文藝春秋

バナナの丸かじり＊目次

バナナの丸かじり

グミをグミれば

辞書もたまにはいい事を言う。

辞書というものは、もともと堅苦しくて融通がきかず、面白味に欠けることばかり言っているものと思い込んでいた。

だが「弾力」を引いたときは、オッ、たまには辞書もいい事言うじゃないかと思った。

【物体が変形に抗して原形に復しようとする力】

「弾力」というものの実態をあますところなく、物の見事に言い尽くしているじゃないですか（辞書だから当然か）。

弾力は人間の日常にいろんな形で入り込んでいる。

特にスポーツには弾力を利用したものが多い。

バスケットボールがそう。

おつまみグミ（1粒）30円
タクアン味
ラッキョウ味
モズク味
ぬた味
いか塩辛味
松茸味
くさや味入荷！
あんまり儲からんのですわ

　バスケットボールは、ボールをポンポン手で突きながら移動していくことになっているが、もしあのボールが跳ね返ってこず、床にはいつくばってしまうものだったら試合はそこでただちに中止になる。あのボールがあのように跳ね返ってくるからあのスポーツは成立する。

　テニスもそう。

　昔は軟式のテニスが盛んで、ぼくはあのボールが好きだった。

　テニスはやらないのだがあのボールを握っているのが好きだった。

　握っているだけで心地よかった。

ヤワヤワしていて押すと凹み、すぐ押し返してくるので、その押し返してきたのをまた押すとまた凹みまた押し返してくるのでまた押し……いくら書いても同じことを書くことになるのだが、その同じことの繰り返しがいつまでもいつまでもヤワヤワと楽しかった。

サッカーもそう。ゴルフもそう。

トランポリンなんか弾力の極致じゃないですか。

装置全体がすでに弾力で出来上がっているところへ、急速に人体が落下してきて激突し脚の筋肉という、これまた人体の弾力装置がそこに加わって、ビョーンと空高く人間が飛び上がって行って、てっぺんに達したところで今度は急速に落下してまたビョョーンと飛び上がっていく。

見てるだけで爽快。

そろそろこのへんで、

「弾力は人生の楽しみのひとつである」

という認識を金言にまで持っていってもいいでしょうか。

だって弾力は肉体だけで楽しめるだけでなく、肉体の奥深く、内面に侵入してまでも楽しむことができるのですから。

グミです。

人間の口の中の仕事は、まあ、言っちゃあ悪いがぜーんぶ汚れ仕事です。

口じゃあ、「あら、まあ、まったりして」とか「口の中でふくよかに香って」とか「お口触りの何てまろやかなこと」などと言っているが、中でやってることは、照明もさだかでない薄暗い洞窟の中で叩き割ったり、引きちぎったり、押し潰してニチャニチャして血が滲み出たり、肉片が飛び散ったり陰湿極まる行為が連日行われているのです。

毎日毎日、そういう苦難の日を送っている口の中に、ある日一粒のグミを放り込んでみることにしましょう。

最近街でガムを噛んでる人見かけなくなったと思いませんか
ニッチャ ニッチャ
かつては電車の中に一人ぐらいいたと思うけど

急に綺麗事です。

急に楽仕事です。遊び半分の仕事です。

人気があるんですね、グミは口の中で。口の中に放り込んだとたん、みんながワッと寄ってくるのがわかる。みんな、というのは上下の歯とか舌とかノドチンコとか頬っぺたとか。

で、下へも置かぬもてなしぶり。

さっきの連中がみんなしてあれこれ面倒みてる、という感じなんですね。ホラ、もっとこっちおいで、とか、もっとやわやわと噛んでやってね、とか、あ、その歯とその歯の間居心地よくないでしょ、こっちへ移ったら、ということで左側の歯のところから右側のもっとすわりのいいところへ舌で移動させたり大いに気をつかう。

あれこれ面倒を見ながら、大いに気をつかいながら、あんまり乱暴にギュッと噛んだりしちゃいけないよ、なんて気をつかいながら食べるものってグミ以外にあるでしょうか。

グミの名は
グニグニからきてるんですって
グニグニ
ちがいます

かりん糖なんて口に入れたとたんいきなりガシッでしょ。

噛み加減にまで気をつかうのはグミだけです。

そしてグミは噛み加減がイノチなんですね。

全体の形を案じながらグニグニと噛んでいくと、歯と歯の間で変形して歪んでくるのがわかる。

その姿、形がはっきりわかるし、歪んでかすかに震えているのもわかる。ここのところがグミのダイゴミなんですね。

まさに、

【物体が変形に抗して原形に復しよう】と奮闘している姿なのです。

この奮闘がいとおしい。

「ゴメンネ、もうこれ以上強くは噛まないからね」

と詫《わ》びつつさらに噛んじゃう。

そうするとよけいおいしい。

チューインガムも、いわゆる噛みものの一種だ。

弾力を味わう、というところもグミと一緒だ。

ただ別れ方がちがう。

ガムの別れは常に悲しい。

お互いにもはや魅力を感じなくなり、無感動、無気力がしばらく続き、やがてお互い疲れ切り、飽き切り、考えるのは、いつ別れるかということばかり。

だが最後は別れる。気まずく別れる。そして捨てることになる。

グミはどうか。

別れることなど絶対にありえません。ちゃんとノドを通過させてハッピーエンド。

オイルサーディンの恐怖

人間トシをとってくると感性が鈍くなってくる。

めったなことでは感動しなくなる。

そのめったなことが最近あった。

缶詰で感動したのである。

ある缶詰のフタを開けてその中を見たとたん、はらはらと涙がこぼれ落ちた。

センチメンタルなと責めるなかれ。

実はつまらぬことが悲しかったのである。

それはオイルサーディンの缶詰であった。

小さな鰯たちが十二匹、全員頭のない体で、横一列に整然と並んでいるのが可哀想でならなかったのだ。

特に整然が哀れでならなかった。

死んでいるのだから整然と整列しなくてもいいのに整然。

しかも全員頭のない体で整然。

こみあげる涙は嗚咽《おえつ》を伴うのだった。

おいおい、いいトシして、そんなつまらぬことに涙をこぼすなんて、それは感動の涙ではなくて、トシをとって涙腺がゆるんだだけのことじゃないの、と責める方々もおられると思う。

そういう方々に対してぼくは次の詩を捧げる。

丸山薫という昭和初期の詩人の「犬は跣足《はだし》なり」という詩で

す。

ある日　みんなと縁端にゐて／ふいに　はらはら涙がこぼれ落ちた／（略）／せんちめんたるなと責める勿れ／じつは詰らぬことが悲しかつたのだ／愛する犬　綿のやうな毛をふさふささせ／私たちよりも怜悧で正直な小さな魂が／いつも跣足で地面から見上げてゐることが／可哀相でならなかつたのだ

小さな魂が、裸足で無心に自分を見上げている光景が、ありありと目に浮かんだのではありませんか。

ひるがえってオイルサーディンの鰯たちです。犬は裸足だが鰯だって裸足です（たぶん）。

特にオイルサーディンの鰯たちは肌がピカピカして輝いていていかにも跳ねそうに見える。

跳ねそうに見えるが悲しいかな彼らには頭がない。

彼らの魂だって、私たちより怜悧《れいり》で正直であるにちがいない。

なのに彼らには頭がないから、私たちを見上げようにも見上げることができない。

二十四の瞳はどこへ捨てられたのか。

オイルサーディンの缶詰を持った手が悲しみでワナワナと震え、タプタプの油がこぼれそうになるのであった。

それにしても、と、その時思った。

オイルサーディンは小魚たちをなぜあのように整然と並べるのだろうか。

あんなにきちんと並べなくたっていいのではないか。

他の魚の缶詰、サンマにしても鯖にしても鰯の味付け缶にしても、ただ突っ込んであるだけだ。

猫も裸足だけど
けっこう家の中に
いるからね

オイルサーディンの缶詰は、あれは多分手作業ですよね。

手作業で一匹一匹横一列に並べていく。その横一匹一匹を、一匹一匹拾いあげて食べていく。

そのとき翻然と悟りました。

オイルサーディンは整然がおいしい。

たとえばあれを皿か何かにあけて食べたとしますよね、全員タテヨコナナメになって雑然と積み上げられたものを一匹ずつ突《つっ》き出して食べることになる。

整然と横一列に並んでいるのを、きちんきちんと端から一匹ずつ食べていく。

やっぱり、まるきり味が違うような気がする。

ということは、オイルサーディンは缶から何かにあけて食べてはいけないのだ。

そういうわけで、オイルサーディンは輸送などで整然が崩れないように、あの四角くて平べったい缶になっていると思うのだが、実はあの缶には問題がある。

その問題にいつも泣かされている。

四角くて平べったい缶をテーブルに置いて手でしっかり押さえる。

そうしておいて、フタに付いているワッカに指を入れてペキッと引き上げ、ムリムリムリと開けていっていよいよ最終コーナーのところへさしかかる。

このコーナーが問題なんです。

ここから急に慎重になる。

ある恐れで胸が一杯になる。

それはある一瞬を恐れる恐怖である。

缶からフタが最終的に離れる一瞬に悲劇が起こる。残りあと一センチというところで起こる。十中八九起こる。

フタのほうに神経が集中するあまり、缶を押さえている手のほうがおろそかになる。

おろそかになって、引っぱり上げる力に負けてつい缶が浮き上がる。

その瞬間フタがパッカンと取れ、缶全体が浮き上がって大きく揺れる。

誰でも知っていることだが、オイルサーディン缶の油はなぜか缶のフチぎりぎり一杯に入っている。

最も恐れていたことが十中八九起こるというこの恐怖。

世の中には様々な恐怖症があって、高所恐怖症もその一つである。

高所恐怖症は様々に喧伝されるが、オイルサーディン・パッカン恐怖症というのは厳然として存在するのだが、こっちのほうは陰でヒソヒソ囁かれているだけでなかなか世の中には出てこない。

もっと話題にすべきだと思うのですが。

バナナの皮ははたして滑るのか

いまルノアールの画集を見ているところなのだが、人物ではなく果物のほう。

リンゴに桃にオレンジにブドウに、エート、これはレモンかな、などと思いつつ見ているうちにふと気がついた。

全部丸いということ。

と、ここまで書いてきて改めて気がついたのだが、果物はみんな丸いということ。

リンゴ、桃、梨、柿、メロン、オレンジ、ブドウ、ミカン、プルーン、桜んぼ、イチゴ、西瓜、ことごとく丸い。

西瓜なんか、果物じゃないらしいのに、ボクも混ぜて、と丸い仲間に入りこんでいる。

そうか、果物ってみんな丸いんだ。

ここで突然、バナナです。

　突然バナナが出てきて、

「…………………！」

と、なったんじゃないですか。この「…………！」のところを敢えて文字で埋めると、

「そういえば丸くない！」

になります。

　丸くなくて細長くて棒状。

　ルノアールの果物の絵は味覚を誘われる。

　そこで、リンゴでも食うか、と思い立った人はキッチンに向かう。

　果物ナイフを取りに行く。

　果物とナイフは「果物ナイフ」という果物専用のナイフがあるくらい切っても切れない関

係にある。

それを使って皮を剝《む》く。

剝き終わって適当にカットする。

ここで急に果物専用フォークが要ることに気がついてまたキッチンにそれを取りに行くことになる。

これがもし、リンゴではなくバナナだったらどういうことになるか。

何にも取りに行かない。

その場で皮を剝く。剝く道具は何も要らない。バナナを左手に持ち、右手で根元のところをペキッと折ってそれをそのまま下に降ろしていくと、皮がそのまま音もなくスルスルと剝けていく。

リンゴだと一応ショリショリという音がするが、音もなくスルスル、しかもです、引っぱって皮が身から離れる寸前に、すでにもう皮は身から離れている……んじゃないか、と思われるぐらいの早技。

多分、気を使ってるんだと思いますよ、こっちの気配をいち速く察して。

何という気づかい。

何という献身。

さあ、全部剝けました。

果物ナイフ？　要りません。

切る必要ありません。上から順々にパクパクです。

芯？　ありません。だからリンゴみたいに「芯のとこカット」の必要ありません。

種？　ありません。

そういう厄介な部分は全部身内で処理して、ただひたすら世の為、人の為に尽くしているいい奴なんです。

サラリーマンだったらすぐ出世。

と思っていると、人は見かけによらぬもの、これが、あなた、とんでもなく悪い奴。極悪人。

身のほうは確かにいい奴なんだが皮のほうがとてつもなく悪い奴。

こともあろうに、人を滑って転ばせる。しかも、わざとですよ、油断させておいて、わざと、しかも、スッテンコロリンと、激しく。

身はいい奴なのに、皮と組んだのが人生の失敗だったのだ。

バナナの皮を踏むと滑って転ぶという事実は世

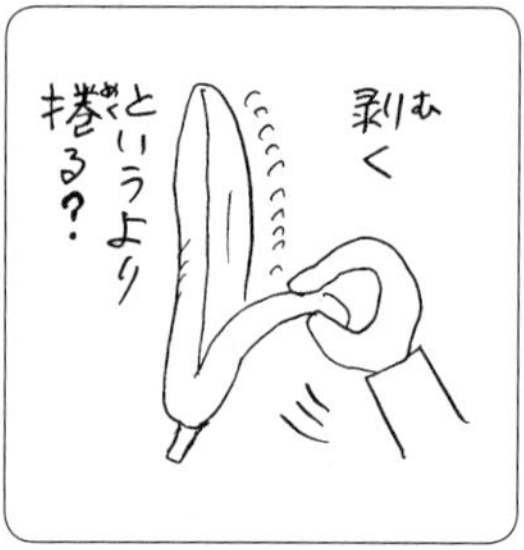

界的に知られていて、チャップリンもしょっちゅう転んだし、バスター・キートンも転んだし、日本のエノケンも転んだし、赤塚不二夫マンガの登場人物もやたらに転んだ。

しかし、と、ぼくはここで思った。

バナナの皮を踏むと本当に滑って転ぶのだろうか。

バナナの皮を踏むと転ぶ、というのはいつのまにか事実化して、いまや喜劇のお約束事となっているが、それを確かめた人はいるのだろうか。

実は滑らない、無実だ、ということだってありうるのだ。

実験してみよう、そう思った。

もしぼくが実験してみて、実は滑らないということが判明し、そのことを世間に発表すると、ウソつくな、ということになって非難ゴウゴウになって獄舎につながれることになっても「それでもバナナの皮は滑らない」とガリレオのように叫ぶつもりだ。

そのぐらいの覚悟で実験にとりかかった。

バナナの房（五本付き）を剝いて皮を仕事場のマンションの廊下に置く。

人に見られたら恥ずかしい。

バナナの皮の手前30センチのところに立つ。いよいよ踏むのだ。

バナナの皮の後方五メートルぐらいのところから走って行って助走をつけて踏む、ということも考えたが、そのとき救急車の音が聞こえてきたのでそれはやめる。

右足で踏むつもりで右足を上げる。バナナの皮を軽く踏む。滑らない。ホーラ、やっぱり滑らないじゃないか、やっぱりガリレオじゃないか、と体重をかけたとたん、右足がスーと前方に30センチほど移動した。

オットと慌てたとたん、物の見事にスッテンコロリンと転倒して激しく腰を打った。かなりの激痛である。

スッテンのところまではある程度予想していたがコロリンは想定外だった。

とりあえずあたりを見回す。

自作自演という言葉がある。

こういうことを自作する人はいるだろうか。

自作をする人はいるかもしれないが、自演までする人はいるだろうか。

種の話が話の種

前回、バナナについて書いたのだが、そのとき改めて気づいたことが一つあった。

それはバナナに種がないということ。

あまりにも当たりまえ過ぎてつい見逃していたのだが、バナナは果物であるから種があって当然、ないのが不思議なのに、不思議と思わない不思議。

ぼくなんか人生の後半、つい先週、やっと気がついたわけで、人生の大半をバナナに種がないことに気がつかないで過ごしてきたことになる。

そして、バナナに種がないことがどんなに有り難いことか、つくづく考えてしまいました。

もしバナナに種があったら……。

たとえばバナナを輪切りにしたとき、その中心のところに大小さまざま、ゴマ粒ぐら

いの種が放射状にあったとしたら……。

　その粒がものすごく硬くて、一粒一粒取り除かなければならないとしたら……。

　あるいは粒状ではなく、鉛筆みたいな棒状のものだったとしたら……。

　しかもその棒状の種と実がしつこく密着していて引き抜こうとしても引き抜けないとしたら……。

　もしそうだったら、バナナは今のように多くの人々に愛されることはなかったにちがいない。

　果物に種は付き物である。

　果物は、実《み》は食べられるが種

は食べられない、という場合が多い。

そこで起こってくるのが種の立ち退き問題である。

誰でも知っていることだが、立ち退き問題はとかくややこしいことになりがちである。

リンゴや梨や柿や桃などは食べるときまず皮を剝く。

そこから立ち退き問題になる。

これらの中で、柿の種は意外にあっさり立ち退いてくれる。

ああ、いいよ、と、すぐにポロッとその場を離れてくれる。

問題は桃。

桃はどうしても話がややこしくなってどうしても揉めることになる。

桃の種は柿などと違って交渉相手は一個だけだから話が早い……はずなのだが、種の周りに繊維みたいな、筋《すじ》みたいなものがモヤモヤとくっついていて、この連中が意外に厄介、案外難敵、こういう立ち退き問題のとき、よくある話に、当人は何とか説得したのだが周りが不承知、とか、親戚筋がブツブツ、とかいうのがあるが、まさにそれ。

親戚筋なんですね、あの筋は。

話がグジャグジャにもつれる。

桃はもともと性格がグジャグジャしていて、そのグジャグジャがおいしくて魅力的なのだが、いざ立ち退き問題となると、そのグジャグジャが禍《わざわい》のもとになる。

リンゴや梨はどうか。

リンゴと梨の場合は、どういう経過を経てそういうことになったのかわからないが、種の周りに芯という庇護団体が付いている。

こうなってくるともはや一筋縄ではいかないな、弁護士なんかも雇うことになるな、と思いがちだが話は簡単、庇護団体ごと切り離してしまう。

事前に立ち退かす、事前に切り離す、のではなく、途中で立ち退かせる果物もある。

サクランボがそう。

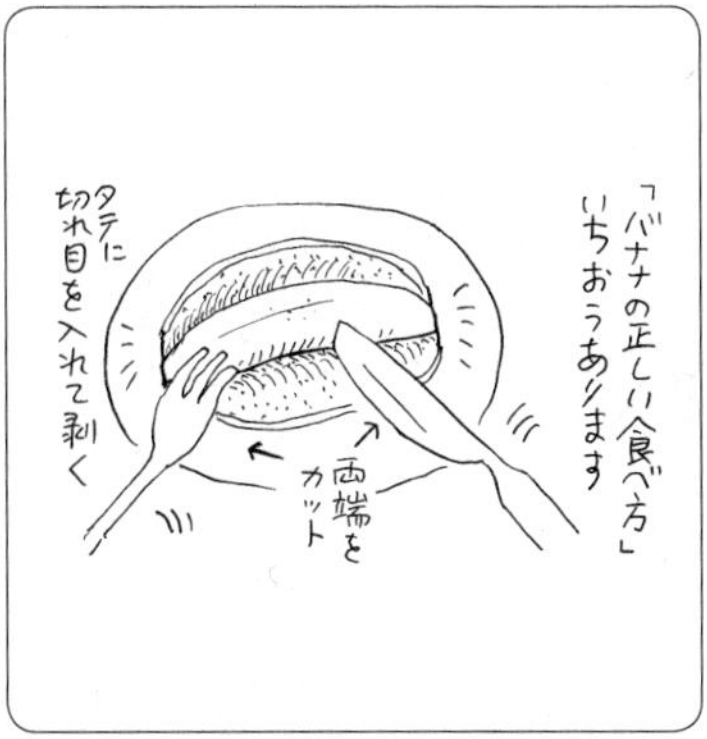
「バナナの正しい食べ方」
いちおうあります
両端をカット
タテに切れ目を入れて剥く

サクランボの場合は、事前に、というわけにはいかない。

どうしても途中になってしまう。

サクランボの場合は、立ち退き話抜きでいきなり工事を始めてしまう。

で、いよいよになってから話を持ちかけ、否も応もなく、結果的には強制立ち退きということになってしまう。

口の中でモゴモゴと話を持ちかけ、話がまとまらないうちに、外にプッと放り出してしまう。

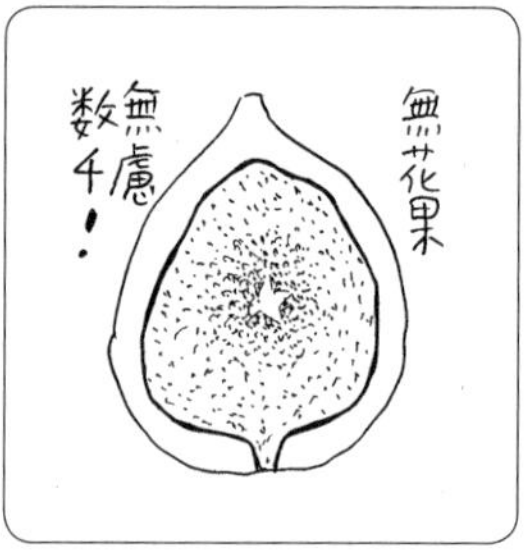

もちろん心は痛む。

サクランボって、口の中で種に出合うその瞬間までがイノチなんですね。

その瞬間まではとても楽しい。

サクランボを目にすると、ワーイ、ワーイ、サクランボだ、と浮き浮きし、柄のとこを指でつまんで、アーンして口の中に入れてプッと噛む。

皮が破れる、果肉が歯に当たる、あー、サクランボ、いいなーサクランボ、と思った次の瞬間、種が歯に当たる。

急に立ち退き問題発生。

表情、急に暗くなる。

暗暗裏に事を処理する。

そのあと、もちろん噛んで食べるわけだが、ワーイ、ワーイのときより表情に明るさがない。

やっぱり咎《とが》めてるんですね、良心が。

そのとき、ぼくがいつも思うのは、あー、サクランボに種さえなかったらなー、ということ。

種さえなければどんなに楽しく、どんなにおいしく食べられるだろうになー、ということ。

もう一つ、サクランボに種があってもいい、ただし、その種はとっても軟らかくて、食べてもおいしい種であったらなー、ということ。

そうだったら、アーンしてポイしたあと、そのままずーっと幸せなまま、一粒のサクランボを食べ終えることができる。

途中の立ち退き問題などという暗いひととき一切なし。

なぜぼくがそんなことを思いついたかというと無花果《いちじく》という果物の存在です。

無花果は種がプチプチと軟らかく、そのプチプチがおいしい。

つまり食べられる種。

割ってみるとその数、無慮数千。

その数千がことごとくおいしい。

だけど、もしこの数千がものすごく硬くて食べられないとしたら。

それが心配の種。

歯は時代に遅れている？

羊羹《ようかん》を食べながら、

「いま歯は時代遅れになりつつあるのではないか」

と、ふと思った。

いま、マッチ箱ぐらいの大きさの羊羹をフォークに刺して、そのまん中へんのところに歯を当ててそのままずーっと下に降ろしていって嚙み切ったのだが、いや、その力の要らないこと、ラクなこと、同じぐらいの大きさのコンニャクを同じように食べるときと比べてみてください。

そのコンニャクだって歯の仕事としてはラクなほうで、たとえば同じ大きさのゴボウを嚙み切るときと比べてみてください。

一口に歯といっても、歯にはそれぞれの役割がある。

きんさんぎんさんは
歯が一本もなかった？
あった？

いま、羊羹とコンニャクとゴボウの切断に使用した歯は門歯《もんし》ないしは切歯《せっし》という名前の歯で、口腔内の最前線に位置している。

これら最前線の歯はかつては大働きをしていた。

これら門歯が前方に大きく突き出ているものは出っ歯といわれ、西瓜を食べるときとトウモロコシを食べるときに有利と言われた時代もあった。

それよりもっとずーっと前のことを考えてみよう。

人間が狩猟によって生計を立てていた時代、野生の猪とか鹿とかに飛びかかって、とりあえず齧《かじ》りついて倒してこれを食料としていた時代。

そのとき一番最初何を使って齧りついていたか。

門歯である。

全身に剛毛の生えた野生の猪の硬い肉に齧りついていたんですよ。

羊羹とかコンニャクの硬さじゃないんですよ。

それがかつての門歯の仕事だった。

もちろん、今だって、そのぐらいの仕事をやれと言われればやれると思う。

だからといって、突然そのへんにいる牛に飛びついて齧りついたりしちゃいけませんよ。

噛む、というのが門歯のとりあえずの仕事である。

噛む、噛み取る、という咀嚼《そしやく》の前段階を担っていたのである。

もちろん、ときには、

「イヤン、バカーン、モー、ここ噛んじゃうからー」

などと言いつつ相手の耳たぶを噛む、という噛み方もあるが、これは咀嚼には至らない噛み方なので今回ははぶきたいと思う。

歯並びの最前列には門歯が上下各四本。

その次に居並んでいるのが犬歯。

これも狩猟時代には大活躍していた。

何しろ牙ですからね。

獲物を調理するときの万能ナイフ。

相手を威嚇するときに剝き出して見せる隠し刀。

犬をよく見ているとわかるが、相手を威嚇するときはまず前歯を剝き出し、それから牙を剝き出す。

これだけでけっこう効き目があることが見ていてわかる。人間にも立派な犬歯があるのです。

　このように対応力という点では、人間の歯はまだまだ相当な力があることがわかっている。

ところがどうでしょう。

世の中はいま、何を食べても、

「やわらかーい！」

の時代です。

「やわらかくなければ食べ物じゃなーい」

の時代です。

せっかくこっちが満を持して頑強で堅固で、ち

ょっとやそっとのことではビクともしない設備を整えて待ち構えているというのに、やってくるのは、

「やわらかーい」

ものばかり。

もう、ヤワなものしかやってこないのだから設備ももっとヤワなものでいいはずなのです。

よく聞く話に、ある病院が最新式の医療器具を目玉の飛び出るような値段で買って設置したのに、それを使用する患者が少なく採算が合わなくて苦境に陥る、というものがある。その点、われわれは、設備は昔のままでよいわけだし、患者が来ようと来まいとどちらでもよいわけだし、塞ぎこむ必要はないのだが、院長としては何だか時代に取り残されたようで毎日が心苦しい。

いずれにしても歯は少しずつ時代に取り残されつつあることは確かなのだ。

門歯が衰退の一途をたどっているように、犬歯もまた同じ道をたどっている。

いっとき、お裁縫のときの糸切り歯として復活したが、いまはそれも絶滅した。

門歯の次が犬歯、そしてその次が臼歯である。

いまどき臼《うす》。臼というのは、日本昔噺《ばなし》の「花咲か爺さん」の爺さんが用いたもので、お餅をペッタンペッタン搗《つ》くときの道具である。

現代医学の人体の用語として、その臼がいまだに使用されているという事実。医学の用語として、もう少し早く、たとえばドイツ語かなんかにしておくべきではなかったか。

しかもです、犬歯から奥の二十本の歯はひとからげに臼。

その臼が、人間の口の奥のほうにズラーッと二十個並んでいる。

昔の農家の物置なら、臼が二十個並んでいてもおかしくないが（やっぱり二十個はヘンか）、人間の、しかも現代人の口の中に臼が二十個。口の中に「リードボーのリゾット・トリュフ風味」がやってこようが「鱒とトマトのココット焼きプロバンス風」がやってこようが、すべて旧式の臼でもって処理しているのである。

口の中の臼歯一同は、古色蒼然としたこの名前に歯ぎしりして悔しがっていると伝え聞く。

許せ、おから

世に、お袋の味と呼ばれているものがある。

世に、というほど大げさなものではないが、日本中、どこへ行ってもお袋の味で通る。お袋の味とは、その人が幼少期に家でよく食べていたものであり、母親を想起させるものである。

であるから、世代によって、各家庭によって、お袋の味はそれぞれ違ってくる。

いま、二十代から四十代の人なら、それはハンバーグであったり、グラタンであったり、カレーであったりするが、昭和の時代に育った人たちのお袋の味は全く違ってくる。

おからの煮たの、ひじきの煮たの、切り干し大根の煮たのということになる。

もちろん、このほかにも、キンピラごぼう、オムレツ、肉じゃがなどがあるが、今回は話の都合上、おから、ひじき、切り干し大根を昭和の世代の人たちの三大お袋の味と

いうことにさせていただく。
　ぼくがよく行くスーパーのおかずコーナーにはこの三品が常に隣り合わせに並べられていて、この三品の前には常にお年寄りの人が二、三人たむろしていて、どれにしようかと真剣に検討しており、この三品がこの世代の人たちのお袋の味であることを立証している。
　ぼくもそのスーパーに行くと、必ずその三品の前で立ちどまり、おからにしようか、ひじきにしようか、切り干し大根にしようか、と真剣に悩み、結局、帰りのスーパーの袋の中には三品全部が入っている、ということがしばしばある。

この三品の中で、ぼくが特に贔屓《ひいき》にしているのがおからである。

おからは偉大である。

おからは人参、干し椎茸、木くらげ、こんにゃく、油揚げなどといっしょに炒り煮にしてある。

おからは、それ自体にクセがないので、どんなものといっしょになっても、それらを包みこむ懐の大きさがあり、ふと気がつくと、いつのまにかチームリーダーとなってグループを取りまとめている。

おかずとしてのおからの最大の特徴はしっとりしていること。

適度に水分を含んでしっとり湿っている。

このしっとりがゴハンに合う。

一口分のゴハンの上にのせると、しっとりしているからポロポロ落ちたりしない。握り寿司のネタのようにゴハンの上にしっかりのっかっている。

ここでもおからがチームリーダーとして全体を取りまとめているのだ。

これをこのまま口の中に放りこめば、湿ったゴハンと湿ったおからは湿り同士として気が合うらしいことが口の中から伝わってくる。

うん、やっぱりおからはいいな。

ひじきや切り干し大根もいいが、ぼくはおからにいちばん親近感を感じる。

家庭的なもの、お袋の味にぴったりのものを感じる。

ぼくのみならず、世間的にもそういう傾向がある。

おからは人気があって、いろんな物語の中にもしばしば登場する。

落語の「千早ふる」にもおからは登場し、講談にもおからネタがある。

1969年ごろのNETテレビの時代劇シリーズ「素浪人　花山大吉」では、大吉役の近衛十四郎が、居酒屋のメニューにおからがないと知ると、「けしからんなあ」「いかんなあ」と、しきりに怒っていたものだった。

中国では手抜き工事を「おから工事」といいます
だとすると
豆腐渣工程
トウフジャーコンチョン

こうしたおからに対する愛情、親近感はどこからくるのか。

同情説、というのはどうか。

おから気の毒説。

おからが気の毒でならない、と思っている人が世の中にいっぱいいるのだ。

おからの実体は有り体に言えば、大豆から豆腐を作る過程で出来る豆乳の搾り滓《かす》である。

広辞苑によれば滓とは【よい所を取り去ってあ

とに残った不用物】である。

最初の志《こころざし》は一つだった。

みんなで心を合わせて豆腐を作ろう、だった。

途中の豆乳のところから様子がおかしくなった。

急に「残留組」と「離脱組」とに分かれるという問題が発生した。

おからにしてみれば、自分たちは「残留組」なのか「離脱組」なのか、「エ？　どっちなの？」とマゴマゴしているうちに、事態は粛々と進行していて、自分たちは布袋みたいなものに残留し、布袋から離脱するものはどんどん離脱していき、その時点ではまだどっちがどう大切なのかわからないでウロウロしていると、突然、キミたちは滓である、不用物である、と言い渡されたのである。わたしたちはおからを騙したのだ。

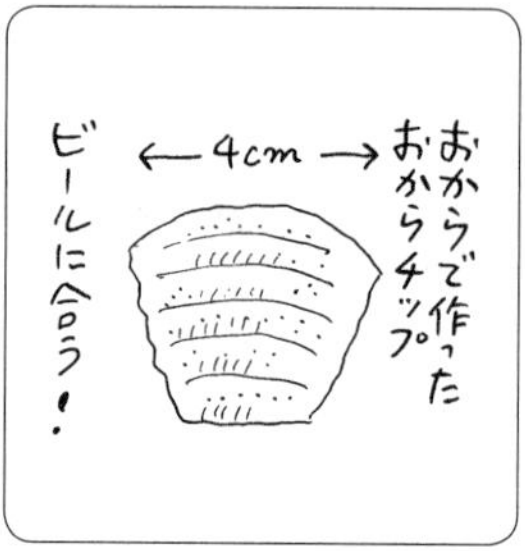
おからで作った
おからチップ
←4cm→
ビールに合う！

おからを裏切ったのである。

その思いは豆腐の製造業者にもちろんあり、わたしたち豆腐の消費者の心の奥底にくすぶっている。

悪かった、すまなかった、という原罪意識は、やがて贖罪の意識へと変化していく。

和解しようという心、赦《ゆる》しを乞おうとする心は、やがて求愛へと変化していく。

とりあえず媚びる、とりあえず媚びて相手の出方を見る、というのはよくあることだ。

いまのところ、相手がどう出ているのか、それがわからない。

それにつけても片や立派な直方体、片や全体がバラバラ。

全体が身を持ち崩した姿のように見える。

身を持ち崩す、というのは、自分で持ち崩すわけだが、おからの場合はわれわれが持ち崩させたわけだから、原罪意識は深まるばかりだ。

雨の降る日はトコロ天

梅雨どきに似合う食べ物って何だろう。

ジメジメした季節にこそ食べておいしいもの。

夏だったら西瓜、かき氷……。

秋だったら秋刀魚、柿……。

冬だったらおでん、鍋物……。

というふうに、それぞれの季節に似合う食べ物が頭にすぐ浮かぶが、梅雨どきという限定をしたとたん何も出てこなくなる。

なぜか。

ジメジメから逃れようとして、カラッとしたものを探すからである。

ジメジメ、ジトジトはどうしても気が滅入る。

トコロ天は
なぜ麺の
形をとるのか
心太
クラッシュド
トコロ天なら
外国人もノープロブレム
お箸
苦手

梅雨晴れ間、という言葉もあって、そういうものを食べ物に求めようとする。

突然ではありますが、最近、『置かれた場所で咲きなさい』という本がベストセラーになった。

置かれた場所で咲こうではないか。

置かれた梅雨どきを受け入れようではないか。

ジメジメ、ジトジトから逃げようとせずに全身全霊で受けとめる。

「身を捨ててこそ浮かぶ瀬もあれ」という言葉もある。

「肉を切らせて骨を切る」とい

う言葉もある。

そのぐらいの覚悟をもって臨めば「死中に活」を得ることができる。

そうなってくると答えはもう簡単、梅雨どきに似合う食べ物はトコロ天ということになる。

いままでみんなそのことに気づかずに生きてきたと思うし、

「何でやねん」

と突っ込む人も多いと思う。

お答えしましょう。

世の中の食べ物という食べ物は、水に落としたとたんダメになってしまう。

水に落としたパン、水に落としたトンカツ、水に落としたおにぎり、水に落とした鰻《うな》重《じゅう》、水に落としたイカ納豆、水に落としたかき氷、……想像しただけでその悲惨、目をおおうばかり。

ところがここでトコロ天を水の中に落としてみましょう。

どうです、全然ダメにならないじゃないですか。

全身ビショビショになりはしたものの何のダメージも受けていない。

これをもし、水ではなく三杯酢の中に落としたとしましょう。悲惨どころではなく、むしろ祝賀すべき事態が到来したと言ってもいいのではないですか。

ジメジメした季節にジメジメの極致のビショビショの物を味わう、これこそが日本の食の美学である、ということを魯山人が言ってくれてると助かるのだがどうやら言ってないようだ。

それに何て言うのかな、トコロ天て全体の印象として、陽に対する陰を感じるところがある。

ビショ濡れ仲間のソーメンはどことなく清々しい感じがするのに対し、トコロ天はどことなく澱《よど》んだ感じがある。

ソーメンは盛りつけるときに清流に見たてて全体をきちんと揃えたりするが、トコロ天はそういう気が起こらない。

澱んだまま食べる。

全員がグジャグジャと捩《ねじ》れ、よじれ、絡まり合っているのをそのまま食べる。ソーメンにはソーメン流しというのがあり、だったらトコロ天にもトコロ天流しというのがあっても不思議ではない。

だが、誰もトコロ天を、そういうふうに、明るく楽しく食べようとしない。

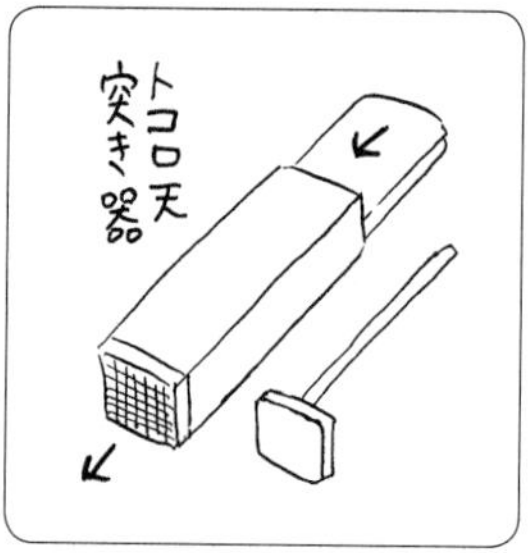

そういう気にならないんですね、トコロ天は。

ウジャウジャと縺《もつ》れ合い、絡まり合ったものを、ほぐそうともせずに、少し暗い気持ちになって滅入りながら滅入り食いをする。

そうすると、明るい気持ちで食べるよりずっとおいしい。

トコロ天の本体自身もはっきりした主義主張が感じられない。

　蕎麦やうどんには「エッジが立ってる」という表現があって、切り口のカドがくっきりしている、ということらしいのだが、トコロ天のエッジはグニャグニャしている。

　いわゆるコシに至っては、蕎麦やうどんならば、うん、このへんがコシだな、というコシの領域のおおよその見当がつくが、トコロ天はそのおおよそがない。

　それに、

「何かあったらすぐ切れるかんな」

と居直っているとしか思えない弱さがあって、ちょっとしたことで本当にすぐ千切れるので、千切れないように介護しながらの介護食いをさせられることになる。

　男性名詞、女性名詞というものがあってそういう分類の仕方があるように、食べ物も陽気食と陰気食に分けた場合、トコロ天は間違いなく陰気食ということになると思う。

食べると陰気になる。

何しろ介護食いですからね、楽しいはずがない。

なのに、ときどき、ふとトコロ天を食べたくなる。

トコロ天を妙に懐かしく思う一瞬がある。

食べたくなって一口啜ると、たちまち海がま近になる。

海の匂い、磯の匂い、波の音、海水にひたっているわたし。

ずっとずっと昔、人類もまた海の中にいたわけだから、陸に上がってからもそのときの海の肌ざわりが残っていて、その感触がトコロ天によって甦《よみがえ》るのだろうか。

海草の林を泳いでいたかつてのわたし。

そうだ、トコロ天風呂というのはどうだろう。

トコロ天の風呂に首までつかる。

カラシもちょっと利かせて。

水分を小まめに

人間トシをとってくると些細なことに難くせをつけたくなる。

最近で言うと、

「熱中症の予防のために小まめに水分を取りましょう」

というやつ。

このところ猛暑が続いているので、一日一回は必ずこのセリフを聞く。

このセリフのどこに難くせをつけるかというと、「小まめに」というところ。

いろんなテレビ局の画面からこのセリフが聞こえてくるわけだが、どの局も、まるで申し合わせたかのように「小まめに」を使う。

ぼくは嫌いなんですね、この「小まめに」という言い方が。

セカセカした感じがするし、コセコセした感じもあるし、小賢《こざか》しい感じもする。

こういう人が意外に女に
小まめだったり
することがあります
気をつけ
ましょう

どっしり構えた感じがなくて小物感横溢。

まめな人、という言い方がありますね。

「あいつは女にまめだ」とか。

ロクな奴じゃありませんよね、こういう奴は。

その「まめ」を更に小型化したのが小まめ。

でも実際に街を歩いていると、歩きながら小まめに水を飲んでる人をよく見かける。

しきりに汗を拭きながら歩いていって、二十メートルも行かないうちに手に持ったボトルの栓をキュイキュイと小まめにねじっては水を飲み、また小まめにキュイキュイと栓をして歩いていく。

見ていて小忙《ぜわ》しく、どう見たって大人物には見えない。

小まめがいけないと言うなら何て言えばいいのか、という話にならざるをえないが、しきりに、というのもしっくりこないし、やたらに、もちょっと違うし、ひっきりなしにもヘン。

結局、小まめに、ということになってしまって、ぼくとしては悔しいのだが、つまりこういうことでしょ、「暑さは全ての人間を小物にする」ということでしょ。

だから、いま街を歩いている人は小物ばっかりということになる。

それともうひとつ。

「小まめに水分を取れ」と言ったあと「ノドが渇く前に飲め」というやつ。

ノドが渇いた、と自覚したときに飲んだのではもう遅い、というのだ。

「これが熱中症の怖さだ」と、つけ加える。

こうなってくると大変なことになる。

自分はいまノドが渇いている状態なのか、渇いてない状態なのか、四六時中自分に問いかけていなければならなくなる。

何しろ「渇いている」と自覚したときは「すでに遅い」のだ。

「すでに」ということは「もはや」ということであり、「間に合わなかった」というこ

とである。

でも、よく考えてみれば、人間はそんなにしょっちゅうノドが渇くものではない。

ノドが渇いてない状態がむしろ常態なのだ。

でも、飲め、という。

そこでチョビット飲むわけだが、ノドがカラカラに渇いているときにガブガブ飲む水は天下の美味だが、渇いてないのにチョビット飲む水ほどおいしくないものはない。

子供のころ、体育の時間が終わったとたん、みんないっせいに運動場の隅にある水飲み場に駆け寄り、水道の蛇口の下に顔をナナメに突っこんで顔中に浴びるようにしてゴクゴク、ゴクゴク飲んだ水のおいしかったこと。

ノドから本当にゴクゴクという音が出て、一時間ほどはこのままゴクゴクしていられそうな気がしたものだった。

水はゴクゴク飲んでこそおいしい。

と、ここまで書いてきて、ぼくは大変なことに気がついた。

人間以外の動物たちです。

犬、猫、猿、ライオン、豹《ひょう》、牛、馬、キリン、鶴、鶏、ペリカン……彼らはことごとくゴクゴク飲みができない。

ウチでは猫を飼っているので、彼女（メス）が水を飲んでいるところをよく見かけるのだが、その飲み方のみみっちいこと。

ほんの小さな舌を水にひたし、その舌にまとわりついた水を大急ぎで口の中に持っていってノドに送りこんで飲むという方式をとっているので、一回に飲む量はたぶん0・5ccぐらいだと思う。

見ていて気の毒で、彼女らだってチビチビではなくガブガブ飲みたいと思っているはずだ。

ぼくとしても何か方法はないのかと思うのだが、ないんですね、あれ以外の飲み方は。

ウチの猫の水の飲み方は全動物の水の飲み方に当てはまる。

ライオンも豹もキリンも、水は舌でチビチビすくい取って飲むよりほかに方法はない。

ライオンなんか獲物を全速力で追いかけ、格闘し、押し倒し、ねじ伏せ、その運動量たるや、児童の体育の授業の比ではあるまい。

それでもそのあと、水はチビチビせいぜい1ccずつぐらいしか飲めない。

一度でいいから、ライオンの顔を水道の蛇口の下にナナメに突っこませ、ゴクゴク、ゴクゴク思う存分飲ませてやりたい。

あ、まてよ、さっきライオンも豹もキリンも舌によるチビチビ飲みしかできないと書いたが、ワニとカバはどうしているのだろう。

ガブガブ飲もうと思えばいつでもガブガブ飲めるわけだし……。

ま、その探求はまたの機会に譲るとして、人間としてのわたくしは、当分の間、水を小まめにチビチビ飲んでこの夏をやり過ごすことにします。

鰻重っておいしいんだよねー！

昔の人はともかく、今の人には食べ物を敬《うやま》うという気持ちは全くない。

終戦直後の食糧難の時代には銀シャリという言葉があった。

白米を炊いただけのゴハンを〝銀シャリ〟と呼んだのである。

むろん銀であるから有り難がって拝むようにして食べた。

今は誰もがゴハンに限らず、どんな食べ物でも食べ散らかした挙げ句、大量に残してドサドサ捨てる。そうした風潮の中で、昔の人の銀シャリのように、有り難がって拝むようにして食べる物が一つだけある。

鰻重《うなじゆう》である。

どうです、鰻重を食べ散らかしてドサドサ捨ててる人、見たことありますか。

鰻重だけは、みんな有り難がって拝むようにして食べる。

ぼくが目撃した光景は次のようなものだった。

デパートの食堂街には必ずといっていいほど鰻の専門店があって、こういう店にはどういうわけか中年の女性（通称おばさん）の一人客が多い。

午後三時ごろ、買い物が終わって何か食べて帰ろう、と思うのか、あるいは最初から買い物のシメは鰻重で、と思ってやってきたのかのどちらかである（後者のほうが多いような気がする）。

で、鰻重を注文する。

鰻重が到着。

店員が鰻重を差し出す。

そうすると、おばさんは、その鰻重を押し戴くように受け取り、伏し拝むように頭を下げたのち、頭の高さまで高く掲げてからテーブルに置く（多少誇張してます）。

この一連の動作は何を意味するか。

鰻重への崇敬の念のほかに何があろう。これがもし鰻重ではなく天ぷら蕎麦だったら頭の上まで掲げたりしないと思う。

崇敬の念がないせいもあるが、そんなことをすると、天ぷら蕎麦のツユを頭からかぶっちゃう恐れがある。

デパートの鰻の店のおばさんのところに話を戻します。

ここで突然、前後の見境なく、ぼくは叫ぶ。

「鰻重っておいしいんだよねー！」

この文章を書き始めたときから、いつか、どこかで、スキを見て叫ぼうと思っていたのだが、つい耐えきれなくなって叫んでしまいました。

これで気が済んだので元に戻ります。

おばさんは今、鰻重のフタに手をかけて開けようとしているところです。ここから先、おばさんの気持ちになって書きます。

つまり、おばさんがぼくです。

フタ開けました。

「アラ！　まあ！」

声にならない声が出ます。

おばさんに成り代わっているのでいくぶん女言葉になっています。

「なんて見事な鰻重ですこと！」

立ちのぼる香ばしい鰻の蒲焼きの匂い。

重箱の中にきっちりと押し込まれている大きくて分厚い蒲焼き。

「鰻重ってこのことが大切なのよね」

　このことというのは、重箱の中の蒲焼きの収まり具合。

　蒲焼きがあまりに大きすぎるので、無理やり重箱の中に押し込みました感。

　狭い重箱の中で蒲焼きが窮屈そうにしている感。

　窮屈すぎて「この尻尾のとこなんか収まりきれずに内側に折り曲げてるのよね」感。

　一番よくないのは、敷地が広すぎて蒲焼きがノビノビしている状態。蒲焼きと重箱のフチの間からゴハンが見えていればいるほど、ぼくとおばさんの機嫌は悪くなる。

尻尾さえ内側に折れ曲がっていれば二人共上機嫌。

鰻の蒲焼きというものは、どうしても見惚れますね。

我を忘れてしばし鑑賞することになる。

鰻重というものは表面に何にもない。木の芽が飾ってあるわけでなし、かつ丼のようにグリンピースが転がっているわけでもなし、刻みネギを散らしてあるわけでもない。

とにかく何にもないわけで、鑑賞するような光景は何もないはずなのにぼくもおばさんもじーっと鑑賞する。

「こことここの二個所、焦げ目が少し強いのよね、残念だわ」

「このミシンの縫い目のようなものの連なりが幾筋も幾筋も！」

「この肩のあたりのほんのちょっとした捩《ねじ》れ、備長炭の熱さでつい身を捩《よじ》ったんだわ」

などなど、見ていて感じ入ることがいくらでもある。

そうしていよいよ鰻重の中に箸を差し入れることになる。

この「いよいよ感」、箸の「差し入れ感」は鰻重ならではの独得のものがある。

あ、「差し入れ」の前に箸で鰻を断ち切る「断ち切り感」があった。

断ち切るんですよねぇ、箸で、やわやわと、粛々と。

そうやって、一口分の鰻の蒲焼き載せゴハンを作り上げる。

作り上げると、食べる前にそれをチラッと見る。

鰻の蒲焼きとその下のゴハンと、そのゴハンへのタレの染みこんだ断層を。

見て、よし、よし、と思う。

必ず、よし、よし、であって、ダメの場合はない。

それを頬ばると、断層どおりの順序で口の中で崩れていき、断層どおりの順番の味がし、すぐに順番がなくなり、上も下もなくなり、前後の見境がなくなり、もう一度叫ぶことになる。

「鰻重っておいしいんだよねー！」

嫌いは嫌い、好きは好き

食べ物に好き嫌いは付きものである。

ピーマンがダメという人、セロリ、ニンジンがダメ、トマト、ゴーヤがダメという人、いま挙げた全部がダメという人。

いま挙げた全部が大好きという人。

面白いのは、好きな食べ物のほうは好きの度合いが曖昧だが、嫌いのほうはきっぱりダメということ。

そして、どういうところがダメなのかと訊かれてもその理由を説明できる人は少ないということ。

アメリカの第四十一代大統領のジョージ・H・W・ブッシュは、ブロッコリーが嫌いだと表明して全米のブロッコリー生産者から猛反発を受けて大騒ぎになったのは有名な

「鼻が曲がるほど臭い」
というが臭すぎて鼻がねじ曲がってしまった人
クセー

話だ。

　その理由を訊かれてブッシュは、

「ブロッコリーは小さいときからずっと嫌いだった」

　と答え、それじゃあしょうがないな、と皆が納得して騒ぎは収束に向かったという。

　食べ物の好き嫌いの話になれば、当然のようにパクチーに行きつかなければならない。

　パクチーが出てくれば、ピーマンやセロリやニンジンなどはスゴスゴと引き下がることになる。

　パクチーは嫌われものの横綱である。

何を隠そう、ぼくは何十年も前からのパクチーの大ファンで、出会った瞬間、体にビビッとくるものがあった。

ビビッと来たものの、この匂いは万人に嫌われるであろうということを予感した。

パクチーの匂いについて、具体的にどういう匂いなのか言ってみろ、と言われてすぐにスラスラと答えられる人はいない。

とてもむずかしい匂いなのである。

何しろ万人に嫌われているのに横綱の地位にいる、という矛盾した食べ物なのだ。

何でまた、誰が、どこで、こんなものを見つけてきたんだ、もう、ほんとにしょうがないねえ、と、誉めてんだかくさしてんだかわからないような誉め方をしなければならないような、ほんとに、もう、しょうがない匂いなのだ。

でも、何とか、答えてみることにします。

エート、そうそう、カメ虫という虫がいますね、別名屁こき虫というくらいだからそっちに関係した匂いのする虫。

そのカメ虫の匂いだけでなく、どういうわけか鉄の匂いというか、アルミニウム系の匂いというか、「銀紙を嚙んだときの匂い」という人もいて、とにかくこれまでの日本には存在しなかった異国の匂いで、その異国はアジアモンスーン地帯に位置し、どことなくそうした国々の仏教の匂いがし、宗教に匂いがあるのか、と、つっこまれてもへこたれることなく、そういう国の神さびた仏像に打ち込まれていた古釘の匂いもあり、〝神さびた仏像〟という表現は論理的におかしいじゃないか、と言われても、今はそんなことを言ってる場合じゃないっ、と思わず大声を出したくなるくらい、パクチーの匂いを説明するのは大変なことなのだ。

その嫌われものの横綱、パクチーがここへきてブームになっているという。

屁こき虫ファンが増えてきたことになる。

パクチー料理の専門店があちこちに出現し、パクチー煎餅、パクチーポテチ、どんな料理にもふりかけられるパクチーパウダーというものも売り出されている。

パクチーは味噌汁に入れてもおいしい
■個人としての意見です
（ぼくも好きです）

パクチー料理の店では「パクチーのおひたし」というメニューもあり、これだと大量のパクチーをいっぺんに頬ばることになり、パクチー嫌いの人にとっては身の毛がよだつような料理さえ出現しているのだ。

パクチーの匂いは強力なので、素材の味そのものを大切にする和食には合わないはず。

その強力な匂いは料理全体を支配してしまう。

それなのに、ここへきてのこのブーム、どのように説明すればいいのだろう。

これまで、日本の食には様々なブームがあった。エスニック料理ブーム、カレーブーム、回転ずしブーム、大激辛ブームなどなど。

この中の〝大激辛ブーム〟のときに日本人の大半の舌がバカになったのだ、という説がある。

あのとき日本人の味覚の大変革が行われたのだ、何しろバカになったのでパクチーの匂いも松茸の匂いもクサヤの匂いも見分けがつかなくなったという説。

話を最初のところに戻します。

食べ物に好き嫌いが付きものだ、というところ。

ブロッコリーが嫌いな人は、なぜ自分がブロッコリーを嫌いだということを説明できないのか、というあたり。

つい最近読んだ『おいしさの人類史』（ジョン・マッケイド著、中里京子訳、河出書房新社）という本に次のような記述があった。

「味覚の認識は遺伝的なもので、ＤＮＡにプログラムされており、数百万年におよぶわれわれ人間の進化のプロセスを通して受け継がれ、生存のチャンスを高めてきた形質だ。環境も人生経験も味覚と風味に関与しているものの、ちょうど雪の結晶のように、風味の感覚に一つとして同じものがない理由は、まさにヒトのＤＮＡの多様性に大きくよる」

これじゃあ本人に説明できるわけがない。何しろＤＮＡがブロッコリーを嫌いだと言っているのだ。本人が口をはさむ余地などあるわけがない。

オリンピックも金目でしょ

「最後は金目《かねめ》でしょ」という名言がある。

自民党の石原伸晃氏の発言とされる。

この発言が、ソクラテスやプラトンを凌ぐ人類史上最強の名言であることを知っている人は今のところ少ない。

だが、これほど全世界の人々を心の底から「ンダ、ンダ」と納得させうる名言はほかにないのではないか。

この「最後は金目でしょ」を名言仕立てにすると「人間、最後は金目である」になる。

これ墨痕《ぼっこん》鮮やかに墨書して立派な額縁に収めれば、思わず拝みたくなるような名言、至言、格言となる。

「最後は金目でしょ」を、目下開催中のオリンピックに当てはめてみよう。

ホーラ見なさい。

結局は金メダルじゃないですか。

最後は金目じゃないですか。石原氏は、このことをすでに予見していたことになる。

大会あるところに金目あり。

ゴルフの場合はどうか。

ゴルフの場合はメダルではなく杯になる場合が多い。

杯ではあるが、この杯も優勝賞金に換算されて、ホーラ、見なさい、最後は金目じゃないですか。

相撲の場合はどうか。

相撲の場合も天皇賜杯という杯。

この杯も、われわれの羨みの的。部厚い「懸賞金わし摑み」の結果が杯につながったわけだから、やはり「最後は金目」になる。

相撲の場合は杯の他に鯛も付く。

千秋楽の翌日の新聞には二葉の写真がデカデカと載る。

一葉は天皇賜杯を両手で抱えた写真。もう一葉は大きな鯛の尻尾のところを摑んで高く掲げた写真。

天皇賜杯は協会から授与されたもので、鯛は後援者などから贈られたもの。

日本人であれば、鯛は目出度いの鯛であるから何の不思議もないが、外国人から見れば、

「優勝者がなぜ魚を？」

ということになると思うが、この写真がないと優勝の雰囲気が出ない。

この場合の鯛は大きければ大きいほどよく、鰺や鰯ぐらいの大きさのものを高く掲げたりしてはいけない。

半身というのもよくない。

まして「鯛の切り身四切れ（780円）」をスーパーのビニール袋に入れて高く掲げたりするのもよくない。

見たこともないような大きな鯛、オレたちには一生縁がないような鯛、さぞかし高価

であろう鯛、ということで「最後は金目でしょ」にちゃんとつながっている。

「尾頭付き」という言葉がある。

魚にはもともと尾と頭が付いているのに、ことさら「尾頭付き」と称するのはわけがあって、神事、祝事に用いる魚は尾頭付きでなければならないことになっている。

魚に対して日本人は切り身を軽視し、全身像を尊ぶ風習がある。

「姿造り」というのがそれだ。

たとえば「イカの姿造り」。

生き
タコの姿造りというのをいっぺんやってみたんすが
暴れて暴れて

姿ですよ、姿。浴衣姿とか、寝姿とか、艶《あで》姿の姿。

そういう色っぽい系の姿をイカに要求しているわけではもちろんないが、少しは要求している様子も感じられなくもなく、イカのほうもその要求に応じようという様子が見えなくもない。

姿造りというのは原型をそのまま復元させるわけだから、当然大きさに限度がある。

イカはイカでもダイオウイカの姿造りは大変な作業になる。姿造りにする魚は鯵が多い。

鯵の場合は全身から骨をはずし、内臓を取り除き、尾のところに竹串などで突っかえ棒をしてピンと持ち上げ、頭の下には大根を切って枕とし、胴体のところに刺身を並べ、あたかも生きていたときの姿に復元して客に供する。

魚はなるべく元の姿のまま食べたい、という日本人の欲求はどこからくるのだろうか。

日本人独得の魚に対する親近感、愛情のせいである、と思いたいが、それだけでは説明しきれないものが多々ある。

たとえば「活け造り」。

生き造りとも言うが、生きたままを食べるという風習。

舟盛り料理というのがあって、舟の形をした容器に様々な刺身を盛り合わせる。

その中に生きた伊勢海老が一匹入っていると大変な騒ぎになる。

この場合は伊勢海老が生きているという大前提があって、生きているかどうかを客は確かめようとする。

ヒゲを引っぱったり、突《つつ》いたりして、動かないと、

「動かないじゃないか」

と怒り、少しでも動くと、

「いごいた、いごいた（東北の人）」

と喜ぶ。

なかには手を打って喜ぶ人もいる。

こういう残酷性も日本人にはある。

ここまで読んできた読者諸賢は、

「この文章は、確か、『最後は金目でしょ』という主旨で始まったはずだが、いつのまにか、イカの浴衣姿がどうの、伊勢海老のヒゲがいごいたの、いごかないのの話になっていて、いったいどうなってんだッ」

と怒り心頭の方もおられると思う。大丈夫です。

首尾はちゃんと一貫しています。

イカや鯵は姿造りにしないでそのままでも客に出せる。

伊勢海老も生きてなくても客に出せる。

ちゃんと、姿造り賃、生かし賃を取っているのです。

「最後は金目」なのです。

ナメるな、アイス最中

コンビニに行く。

必要な物をひととおりカゴに入れてレジに向かう。

ひととおり買ったよナ、と思いつつ周囲を見回すとアイス系のコーナーが目に入る。

そうだ、アイスだ、と思う。

暑い日ほど、この思いは強い。

コンビニのアイス系は店によってはガラス扉の冷凍庫の中に、上段、中段、下段、と、タテに入れられている。

ところが大きなコンビニになると、別のところにアイス系ボックスが設置してあって、その中にアイスクリーム、アイスキャンデー、アイス最中などが平面的に展開している。

他のコンビニは、それらを横から眺めることになるが、こういう場合は上から眺める

ことになる。
その理由は？
理由がないわけがない。
お祭りのときの屋台。
屋台の上のいろいろを上から眺めつつそぞろ歩き。
「ドレニシヨウカナ？」
と迷い、
「カミサマノイウトオリ！」
そういう楽しさを狙っているのではないか（もし違ってたら困るナ）。
このアイス系ボックスの中には身分の高いのと低いのが同居している。
ハーゲンダッツからガリガリ君まで。

そして身分が高いのか低いのかよくわからない曖昧な地位のアイス最中。
今回はこの曖昧な地位にあるアイス最中に着目してみたいと思います。
実を言うと、アイス最中は〝曖昧な地位〟どころではないのです。
アイス最中は、氷菓界のエコ代表なのです。
アイス最中こそは、エコ時代の未来を切りひらく氷菓界の先兵なのです。
ハーゲンダッツを代表とするカップ入りのアイスクリームを食べてみましょう。
食べ終わりましたね。
では手元を見てみましょう。
カップとサジが残りましたね。
次にアイスキャンデーを食べてみましょう。
食べ終わりましたね。
手元に棒が残りましたね。
次、アイス最中。
手元に何か残りましたか？
容れ物も食べちゃいましたよね。
エコとはこういうことを言うのです。
その上、アイス最中は表面に皮があるので、どこをどう持っても食べられる。ハーゲンダッツだと、どうしてもちょっと気取って食べることになるが（そんな人いないか）、とにかくアイス最中はジカに手で持って食べるので気安さがある。

そこから親近感が生まれ、愛着が生まれ、情愛が生まれ、友情が芽生える（友情は無理か）。

ぼくがいつも贔屓《ひいき》にしているのが「チョコモナカジャンボ」。

ジャンボと称するだけあってとにかくでかい。

タテ7センチ、ヨコ14センチ。

厚さ3センチ。
板チョコ風の区切りの山があって山の総数18連峰。
重量100グラム。ずっしり重い。ポテトチップス一枚と比べるとその重さに驚く。あたりまえか。
18個の山に分けてある理由は何か。飲み薬だと、大人二錠、子供一錠というような指示があるが、アイス最中の区切りは、大人二山、子供一山というような指示ではないので、無視して食べてもい

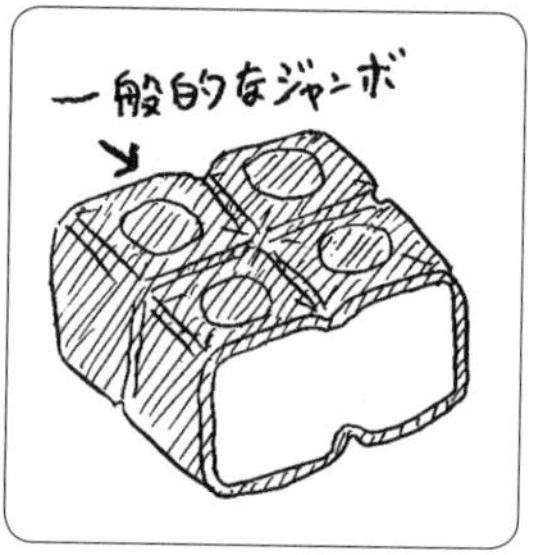

いのだが、指示を尊重して食べるとおいしい。

無視して食べるとおいしくない。

一番最初は一山。これ基本。

最初に一山で我慢したあとの二山いっぺんは嬉しい。

ましてタテ一列（すなわち3連峰）いっぺんの嬉しさは筆舌に尽くし難い、が、何とかして尽くしてみようと思ったのだがやはり尽くし難い。ましてヨコ一列（6連峰）の嬉しさは、何しろ6連峰一挙踏破であるからして筆舌でもパソコンでも無理。

区切り尊重の食べ方にはもう一つメリットがある。

それは圧《へ》し折る喜びである。

ただ〝折る〟のではなく〝圧し〟折る。たわめて折る。なかなか折れない物を強い力を加えて折る。

最近こういうこと、したことありますか。

最近何かを圧し折ったことありますか。

そういえばグリコポッキー折ったっけ、という人もいるだろうが、ああいうのは圧し折るではなく、ただ折っただけ。

圧し折るというのは、木の枝なんかのまん中のところをヒザに当て、枝の両端を持って力を込めていってボキッと折ることをいう。

このボキッの瞬間がけっこう快感なんですね。今はもう身の回りに木の枝はないし、ポッキーを10本まとめて圧し折る、というのも面白くなさそうだし、圧し折る相手はチョコモナカジャンボしかありません。

やってみましょうよ。

やってみるとわかるが、意外に手強いですよ。

チョコモナカジャンボを袋から出して丸裸にする。

18連峰一望。

そのどまん中の区切りのところに両手の親指を揃えて当てる。

少しずつ、少しずつ力を入れていって、このへんで折れるかな、オッ、意外にこのォ、と、更に力を込めていくときの恍惚と不安、躊躇《ためら》いとおののき、祈りと希望、瞑目と切願、の中で、突然、パキッという音を聞く。

見れば純白の雪の絶壁のような見事な切断面にしばし見とれることになる。

アイス最中をナメたらいかんぜよ。

桃はお姫様

いま桃の季節。

果物屋の店先には色とりどりの桃が並んでいる。

ぼく、桃のファンなんです。

こんなこと告白するの、きょうが初めて。

ちょっと恥ずかしいけど、カミングアウトしちゃった。

だって可愛いんだもん。

だってだって、ホラ、果物屋さんの店先に、あれ何ていうの、フワフワしたヒモで編んだ網みたいなもの、あれの上にちょこりんと座っていたりするじゃないの、ああいうあどけない姿を見ると、もう胸キュン、可愛いーって抱きしめたくなっちゃう。

きょうのぼくは桃のせいでちょっとヘンになってるかもしれない。だって、だってだ

桃のお姫様抱っこは胸のところにコーラ
ムフッ

って、なんて言い方してるんだもの。

　柿とか梨とかリンゴとかは、何かこう、硬質な感じがあって、キリッとした態度をとっているのに対し、桃はふっくらしていてヤワラカそうで、まん丸くて頬っぺたがほんのり桃色で、何ていうのかな、天性の甘えん坊って感じ。

　甘え上手って感じ。

　桃をテーブルに置いてじっと見ていると、

「甘えん坊なんだからァ、ンもう」

　と指でツンツンしたくなっちゃう。

桃ってもともとカラダが弱いので、袋掛けとかして育てられているし、例のフワフワした網に包まれて運ばれたりするので、わがまま？　そんな感じしない？

お姫さま？　自分勝手？　高慢？

どうしてもそういうことになっちゃうのよね。でも、そういうとこがかえって好き。

桃を目にすると、触りたくなって思わず手に取っちゃう。そして、

「もう、こうしちゃうからァ」

とか言いながら、おにぎりを柔らかく握るような手つきでニギニギ（お姫様抱っこって言ってるんだけど）しちゃう。

お姫様抱っこをしてみるとわかるが、桃って意外にずっしりと重くて体重がおありになる。

そのことを言うと、

「アラ、いけないことなの？」

と、つぶらな瞳を見開いて仰《おつしや》って、その仰り方がまた可愛らしくて……。

桃っていう名前も好き。

「も」と「も」。

「も」しか言わない。

「も」しか言わないのだが、もう一回「も」と言うと、たちまち「もも」になるところ

に桃の機知を感じてステキ。

いま気がついたんだけど、「も」って言うとき、言う前に、いったん口を閉じなきゃならないってこと、知ってた？

いったん口を閉じないで「も」と言おうとしてもどうしても言えない。

ね、言えないでしょ。

「ウー」とかになっちゃうでしょ。

「李《すもも》も桃も桃のうち」という言い回しがありますね。

「すもももももももものうち」
どうなりました？
ちゃんと息をしながら言えましたか。
「も」が合計8回、その都度、いちいち口を閉じるわけだから、だんだん「も」と言ってんだか、息をしてるんだかわからなくなってきて舌がもつれないわけがないのに、なぜこういうことを言わせようとするのか、と、つい怒りたくなるが誰に向かって怒ればいいのかわからなくて更に腹が立ってくる。

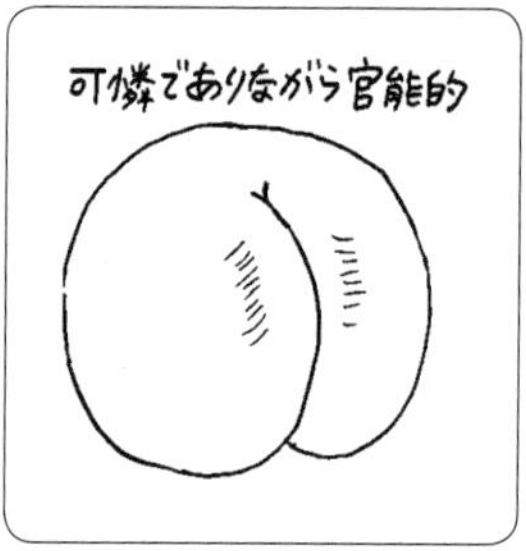

広辞苑の「も」のところにはこうあります。

【両唇を密閉し、有声の気息を鼻腔に通じて発する鼻子音（m）と母音（o）との結合した音節】

物々しいじゃないですか。

エ？　何だって？　両唇を密閉？　有声の気息？　鼻腔に通じる？　鼻子音？　（m）と（o）の結合？

たかが「も」ですよ。

ただの「も」ですよ。

それに対してガチガチのこの緊張感。普段の広辞苑には見られない高踏的な言葉づかい。

なぜこうなっちゃったのか。

ぼくが思うに、広辞苑の「も」のところを担当した編集者が「も」のファンだった。

大ファンだった。

それで大いに張り切っちゃった。

肩に力が入りすぎちゃった。

こう考えると納得がいかないでもないような気がしないでもない。

桃の魅力はまだまだあるのだが、意外にみんなが見逃しているのがその匂い。

いーい匂いなんですね、桃の匂いは。

果物の匂いの中で、ぼくは桃の匂いが一番好き。

嗅《か》ごうなんて思わなくても、ちゃんと向こうから匂ってくる。

桃の実の中から漏れてくる、というか、溢れてくる、というか。

桃の匂いは、目の前に置いてあっても、遠いところから匂ってくるような気がする。

遠いところから、風景を伴って匂ってくる。

物語を連れて匂ってくる。

その風景も物語も、どこか懐かしくて、甘くて、切なくて、優しくて、やるせなくて、ちょっと悩ましくて、そして意外に官能的で、弱々しそうでいて力強い。

いまこうして机に座っていても、机の上に置いた桃から匂いが漂ってきている。

桃は食べなくてもいい、匂いだけでも十分。

♬そばにいてくれるだけでいい
黙っていてもいいんだよー
フランク永井が（古いけど）歌っていた歌詞が、いま頭の中を流れている。

その歌詞を口ずさみつつ、いつのまにか桃をお姫様抱っこしている自分がそこにいる。

「ポテチ」の愉快

ポテトチップスを略してポテチと言う。

「ポテチ！」

きっぱりしているところがいい。

語感もいいし響きもいい。

「あとのことは知らん」

と堂々としている。

「トチップス」の中の「チ」だけを採用し、あとは全部無視して悪びれないところもいい。

食べ物には省略語が多い。

飲食店では省略語が飛びかう。

「天丼！」

■おでん屋では省略するのがふつう
ペンと
ニャクと
ガンと
チクと
コンと
サツと
タマね
一部だぶっているのに気がつかない（コンニャク）

「天ぷらのどんぶり」の「ぷら」と「の」と「ぶり」を省略している。

「鰻丼！」

「鰻の蒲焼きのどんぶり」の略だから「の」と「蒲焼き」と「ぶり」を略しているな、と誰もが思うところだが、もう一つを見逃している。

「ぎ」である。

「うなぎ丼」の「ぎ」を見逃していることに多くの人が気がつかない。

「ぎ」ぐらい、ほんのついでなんだから、ちょこっと入れてやってもいいじゃないか、と、ぼくなど思うのだが、「ぎ」を入れる人は万人に一人もいない。

焼き鳥屋も同様である。

「レバー」の「ー」を略す。

レバーだけを注文するときは、「レバーを3本」というふうに伸ばすが、

「タンとレバと手羽」というような注文のときは伸ばさない。

中華の店の、「レバニラ炒め」のときも伸ばさない。

「ー」なんて、省略しようがしまいが「バ」と言ったあと、口をそのままにしていれば自然に「バー」になるのに省略の意志は堅い。

ポテチ関連でいくと、ポテチのほかにポテサラがある。

ポテトサラダは全部でたった6文字なのだから、そこから「ト」と「ダ」を略したってそれほど時間の節約になるわけでもないし、もうちょっと頑張ってあと2文字つけ加えてもよかったのではないか。

ポテトの日本名はじゃがいも。

じゃがいもになっても「肉じゃが」とか「じゃがバタ」とか「ベーコンじゃが」など、短縮される運命は続く。日本人はポテトとなると急に「短くしよう」と考えてしまう民族なのか、と思うとそうでもないらしい。

フライドポテト。全部で7文字。

ポテトサラダでさえ短くしようと考えた民族だから、フライドポテトを短くしようと考えないはずがない。と思ってつくづくフライドポテトの7文字を見つめる。

「フラポテ」

どうもしっくりこない。

これまでの省略の仕方から考えれば当然こうなるのだが、ビアホールなどで、

「フラポテ！」

と叫んでも誰も何のことかわからない。日本人は食べ物に限らず長い名称を見るとすぐに短くしようということを考える。１９８０年代、日本にコンビニエンスストア（正しくはコンヴィーニエンスストア）が根づき始めたころ、人々は悩んだ。

いくら何でも長過ぎる。

ほとんど落語の「寿限無《じゅげむ》」だ。

最初のころは「コンビ」とか「深夜スーパー」とか呼んでいたらしい。

そのうち、きっぱり「コンビニ」となり、すっかり定着した。

英断であった。

「ヴィーニエ」のあたりを「ビニ」でまとめ、そのあとのことはわしゃ知らん、という態度がよかった。

省略語に原理原則はない。その場その場の思いつき、というのが原則である。

尻尾を切り捨てたり、まん中へんを取り入れたり、その結果・語感がいい・響きがいい・きっぱりしている・何となく愛嬌がある・印象が良くなる、のいずれかが採用される。この5つに当てはまらないものは採用されない。

「フラポテ」は、ポテトがフラフラしている、というふうに聞こえるのがよくなかった。

カレー屋の「CoCo壱番屋」は略して「ココイチ」。略してかえって印象がよくなった。

「ラーメンとライス」から「と」を取って、

「ラーメンライス」

「ラーメンとライス」だと、貧と惨と乏を感じるが、「ラーメンライス」になったとたん、周囲一帯が急に陽気になる。

急に思い出したのだが、

「ラブホ」

ラブホは、かつては「連れ込み宿」と呼ばれていた。暗くて、どこか犯罪的で、連れ込む現場の淫《みだ》らな光景さえ頭に浮かんでくるが、「ラブホ」になったとたん、何と明るくなったことか、何と親しみやすくなったことか。

「シャーペン」

シャープペンシルを略してシャーペン。

「シャー」という語感がいいし、「シャー」と言うのでつい油断をしていると急に「ペン」と打ち止めを言い渡される。

これがもし「シャペン」だと急につまらなくなる。

芸能人の名前もしばしば省略される。

古くは嵐寛寿郎を略してアラカン。

伴淳三郎を略してバンジュン。

森繁久彌を略してモリシゲ。

木村拓哉を略してキムタク。

モリシゲなどは、あちこちをかなり工夫して省略したな、という感じを与えるが、森繁久彌の姓を言っただけ。

省略の仕方はまさにいいかげん。

リンゴの煩悩

リンゴの皮を剝いていて、ときたま厚めに剝いてしまうことがある。しまった。

そこまでは順調にほどよい薄さで剝いてきたのに、ちょっと油断したばっかりに厚めになってしまった。

ン、モー、と悔しい。

後悔しつつ、ここから先は絶対に失敗しないぞ、と心に誓う。

だが、よく考えてみると、この失敗はそんなに大きな失敗なのだろうか。

この失敗によって、何か大きな損害が出たのだろうか。

薄めに剝いた場合と、厚めに剝いた場合の果肉の量の差は多分ミリグラム単位のものだろう。

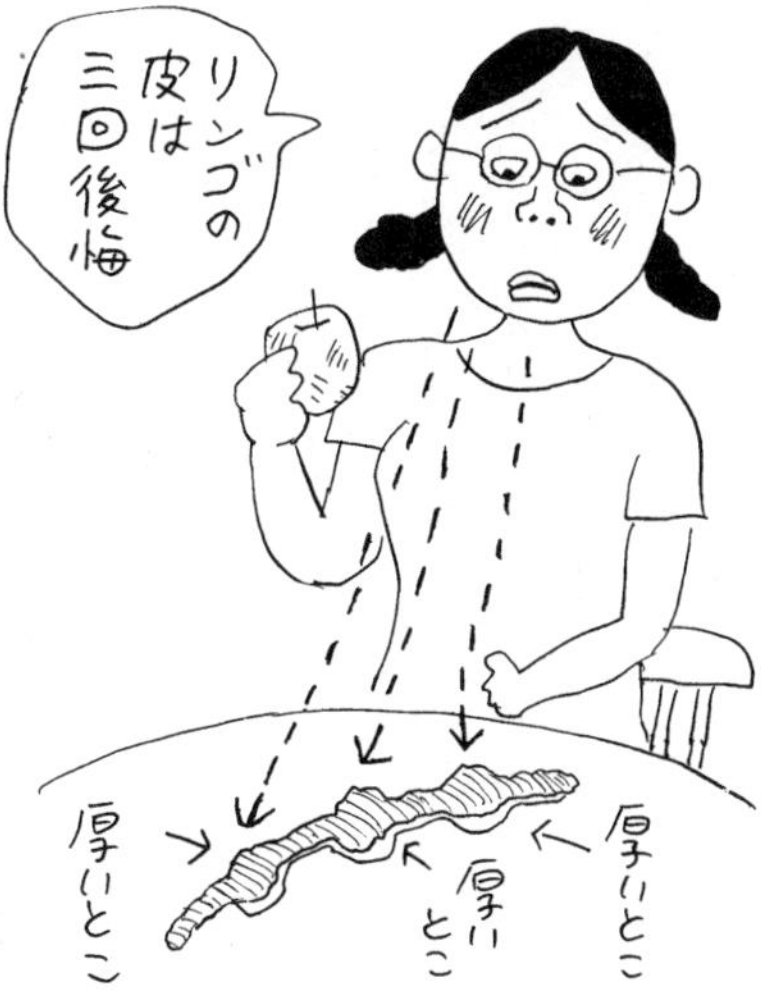

そんなに損してないって。

冷静に考えれば損してないことがわかるのだが、厚めに剥いてしまった瞬間の「しまった！」感は大きい。

つまり実害以上に心にダメージを受けたことになり、そっちの損害のほうが大きいかもしれない。

後悔しつつリンゴを更に剥いていくわけだが、視線はついさっきの厚めに剥いた部分に注がれ、

「あのとき油断さえしなければ……」

と、また後悔する。

そんなに損してないってば。

こんなことでいちいち後悔してたら人生もたないぞ。

が、人生はままならぬ。

慎重に剝いているはずなのに、またしても、つい厚めに剝いてしまう。

リンゴ一個につき、少なくとも三回はこういうことがある。

一個剝き終えて、おいしくリンゴを齧《かじ》りながらも、

「あそこんとこと、あそこんとこと、あそこんとこ」

と、視線はついその三カ所に走って暗くなる。

一個につき後悔三回。

ということは十個で後悔三十回。

百個で後悔三百回。

人は人生において何個のリンゴを剝くことになるのかしらないが（統計がない）、こうなってくると、リンゴの皮剝きによる後悔は人生にかなりの影響を与えることになってくる。

皮を剝き終え、これを丸齧りする場合を考えてみよう。

ここまでくれば、ここから先はもう安泰。

だといいのだがそうはいかない。

丸齧りをしていって芯のところに近づいていく。

どのへんまで齧ったらいいのか。

芯ぎりぎりのところまで齧るのか、ほどほどのところで止《や》めるのか。

その〝ほどほど〟がむずかしい。

全域を平均に齧っていって全体を見回し、ま、ここまでだな、とも思うし、もうちょっとだな、とも思うし。

ここんとこちょっと出っぱってるから、ここだけ齧り取ってもいいな、とも思う。

そこでその出っぱったところを齧り取る。


これでよし、と思いつつも、念のためもう一度全域を検討してみると、ここんとこ、出っぱっているといえばいえるな、という箇所が見つかり、そこも齧り取る。


誰でも知っていることだが、リンゴには「芯近《ちか》味逓減《ていげん》の法則」というのがあり、簡単にいうと、芯に近づくにつれて味が落ちていく。

だから、出っぱっているあたりの果肉ははっきりまずいということがわかっている。

まずい、とわかっているのに人は最後の出っぱ

りにこだわる。

放置することができない。

この飽食の時代に、捨てていいものをあえて食べる。

太古、ヒトが食べ物で苦労したときの遺伝子がリンゴの出っぱりを齧り取らせているのだ。

丸齧りでなく、ナイフで四つに切って食べる場合はどうなのか。

この場合は四つに切ったうちの一個の芯のところを、ナイフでＶ字形にえぐり取ることになる。

目見当でそのあたりにナイフの刃先をあてがってＶの字の右側の部分に切り込みを入れ、次に反対側を切り込んで「Ｖ」をえぐり取る。

ここでも「しまった！」が起こる。えぐり足りなかったのではないか。

リンゴはここまでが果肉で、ここから先は芯という境界がはっきりしない。

つまり正解がない。

「マーフィーの法則」に、「リンゴの芯の部分は常に想定より小さく切り取られる」というのがある、わけではないが、われわれはどうしても芯の「Ｖ」を小さく切り取りがちである。

小さく切り取り、もっと大きく切り取ればよかったのに、と毎回毎回後悔する。

この場合も、リンゴ一個につき後悔一回。

リンゴは四つに切ってあるわけだから、一個につき四回後悔。

リンゴ十個で四十回後悔。

こうなってくると、われわれの人生にリンゴが与える影響はかなり大きいといわざるをえない。

皮で後悔し、芯で煩悶する。

「さっきから黙って聞いてりゃ、エ？　何だって、皮で後悔、芯で煩悶？　オレなんかそんなこと一度だってしたことないね。リンゴなんてものはサーッと皮剥いて、サーッと食べておしまいだね。考えることがこまか過ぎるんだよ、あんたは」

と、つっこみを入れる人もいるかもしれないが、あんたは自分のそういったこまかい感情に気づいてないだけなのッ。

後悔や煩悶の小規模なやつはちゃんとやってんのッ。

こっちだって、それをちょっと大袈裟に書いているだけなのッ。

焼き鳥で悩む人生

焼き鳥を食べに焼き鳥屋に行く。
ノレンをくぐる前に、
「きょうはタンとハツとレバーと手羽先、以上」
と決めている人は少ない。
テーブルに座ってから考える。
考えるったって、焼き鳥の種類のことだけを考えればいいわけだから気は楽だ。
メニューはあっても見ない。
メニューはすべて頭の中にある。
とりあえず奥に向かって「生ビール！」と叫ぶ。
隣のテーブルで食べている客の砂肝が旨そうだ。

ヤレヤレ
このあと発生する「タレ・シオ問題」にまだ気づかない人

店員が生ビールを持ってやってくる。

「とりあえず砂肝。それからタン、ハツ、レバー、ンー、ツクネもよさそうだが今回はやめて、……手羽先、以上」

意外に迷うものである。

だから「以上」と言い終えるとヤレヤレと思う。

一仕事終わった、さあ、これからは生ビールと焼き鳥の楽しいひとときだ、と、ジョッキに手を出そうとしたそのとき、

「タレとシオはどうします？」

と店員が言う。

青天の霹靂《へきれき》、一仕事終えてヤレヤレと思っていただけに青天

のタレ・シオ。

そうだった、その問題が残っていた。

生ビールに出しかけていた手が引っ込む。

これから考えなければならないタレとシオと砂肝とタンとハツとレバーと手羽先の膨大な組み合わせを思って暗然となる。

ぼくとしては「全部タレ」でもいっこうにかまわないのだ。

タレであろうが、シオであろうが、赤提灯の焼き鳥屋、それほどの違いがあるとは思えない。

むしろこういう店では「全部タレ」のほうがかえっておいしい場合が多い。

だが、悲しいかな、ここで見栄の問題がからんでくるからややこしいことになる。

「エ？　全部タレ？　この客大した客じゃねーな」

と店員に思われる。

焼き鳥業界にはどういうわけか「尊シオ軽タレの思想」がはびこっている。

軽タレの軽は軽視の軽である。

「シオ通《つう》タレシロ」という言い方をする人もいる。

シオ通の通は通人の通でタレシロのシロはシロートのシロである。

（全部タレではなく、ところどころシオをからませなくちゃ）

と思う。

そうしないと店員にバカにされる。

赤提灯の店員にバカにされてもどうってことないのだが、いや、赤提灯の店員だからこそバカにされてはならないのだ。

テーブルの横には、客のタレ・シオの回答が一刻も早からんことを願っている人が、伝票にボールペンを構えて立っている。

どうしたってあせる。

タンはシオで　ツクネタレ
レバーはタレ　手羽シオ
砂肝シオ　ナンコツシオ
皮はタレ　ササミシオ
よどみなく言えるようになるまでには相当の年月を要する
焼き鳥の達人

アタフタする。ヘドモドする。

何しろたった今、今すぐ、砂肝とタンとハツとレバーと手羽先とタレとシオの膨大な組み合わせの答えを店員に告げなければならないのだ。

これがもしアラブの石油王であれば、落ちつきはらい、お付きの者と相談し、そののちお付きの者が厳かに回答することになると思うのだが、当方はアラブに油田を持っていない（もっともアラブの石油王はこういう店には来ないか）。

そしてですね。

ここのところが今回のこの話のポイントになるところなのだが、いいですか、ここんとこです。

ほかの人はどうなのか知らないが、ぼくの場合は、いまだに焼き鳥屋に行くたびに毎回毎回必ず、注文すべき焼き鳥の名を注文し終わったときヤレヤレ一仕事終わった、と安心してホッとしてしまうのです。

ホッとしたあと、突然タレかシオかと問われてアッというまに青天の霹靂になってしまうのです。

ぼくはこれまで、焼き鳥屋には何百回、いや何千回と行っている。

もういいかげんにそのあたりのことを学習して、前もって青天の霹靂予防策が出来上がっていてもよさそうなのに、いまだにそれが出来ない。

出来ないまま、またノコノコ焼き鳥屋に出かけて行って、注文すべき焼き鳥の名前を店員に告げて安心していると突然タレ・シオ問題を持ち出されてびっくり仰天し、結局店員にバカにされて帰ってくるという人生をくり返しているのです。

アラブに油田を買うということが一つの対策であることは間違いないのだが……。

あ、そうそう、焼き鳥屋におけるタレ・シオ問題によく似た出来事がもう一つあるので書いてもいいですか。ちょうどその分ぐらい紙数が余っているので書いちゃいます。

野菜サラダにおけるドレッシング問題。

これ、焼き鳥屋のタレ・シオ問題にようく似ている。

ぼくは野菜サラダにはあまり興味がないほうなので放っておくと、

「ドレッシングはどうしましょう」

と突然訊かれる。

「フレンチとイタリアンとシーザースとサウザンアイランドのどれに？」

これは次のような状況に似ているような気がする。

もともと好きでない女性に強引にデートを申し込まれる。

嫌々応じると、その女性から「そのとき着て行くお洋服はスカートがいいかしら、ジーンズがいいかしら、胸がうんと開いたブラウスがいいかしら、それとも閉じてるほうがいいかしら」。

カマボコの厚さは何ミリ？

つい、厚さに目がいく。

とりあえず厚さが気になる。

そういう食べ物がある。

トンカツ、カステラ、ヨウカン、カマボコ、ステーキ、このたぐいのものが目の前に出てくると、まずそこに目がいく。

何を差しおいてもまず厚さ。

そしてそのものの厚さが申し分ないと、そのことに敬意を表する。

と同時に、世の中が急に明るくなる。

これらの食べ物が持つ厚さの威力は偉大と言わなければならない。

だから、これらの食べ物が薄いと突然不幸になる。

かといって、何でもかんでも厚ければいいというものでもない。

コンニャクはいくら厚くても嬉しくも何ともない。

物には限度がある。

たとえカステラであっても、厚過ぎればおいしくない。

食べづらいし、口に余るし、口の中が一杯になって味がわからなくなる。

カステラは何センチの厚さに切ったとき一番おいしく感じるか。

ということを真剣に考えたことありますか？

真剣にですよ、大真面目にで

すよ。

ほとんどの人は大真面目に考えたことはないが、そんなようなことをちょっとは考えたことがある、のではないか。

「2センチぐらいかな」と言いつつ親指と人さし指で厚みをつくり、もう少し広げて「2・5センチ……」「いや、3センチ……」と続け「5センチ」のところで手が止まり「……の範囲内ということだな」とそこで考えるのをやめる。

こうした煩悩の徒には、はっきりした数字を断言するに限る。

「2・6センチ！」

この数字を何と心得る、カステラの名門「文明堂」が英知を集め、衆知に問い、研鑽をきわめた結果の2・6センチなるぞ。

文明堂に限らず、他の名門カステラも、同様の間隔で切ってある。日本のカステラの厚さは2・6センチで平定されたようだ。

ではカマボコはどうか。

カマボコも平定されているのだろうか。

いやいや、こっちは争ってます。

各メーカー、ミリ単位で争ってます。

0・9センチだ、1・1センチだ、1・2センチだ、と様々な説があるところへNH

Kまでが出てきて11ミリを主張（ためしてガッテン）、甲論乙駁《こうろんおつばく》、百花斉放《ひゃっかせいほう》。

カステラは一口でパクッと噛み切れ、モクモクッと噛んでおしまいだが、カマボコはそうはいかない。

噛み心地だとか、シコシコ感だとか、プリプリ感がどうだとかこうだとかいうことになってきて厚さについてだけでも簡単にはいかない。

ぼくの場合の希望を言うと、カマボコはとりあえず自立していてもらわないと困る。薄くて立っていられないカマボコは困る。

定食屋のカマボコは薄くて立っていられず、キャベツの千切りの山に寄りかかっていたり、取りすがっていたりするのがある。
であるからとりあえず厚さ7～8ミリ。1センチだとアリガタイという気になり、1・2センチだとモッタイナイ、になり、1・5センチだとカタジケナイ、になり、1・8センチだとオソレオオイ、という気になる。
誰もが納得するカマボコの厚さは何センチか。
1・2センチ、という解答を出したのがカマボコの名門「鈴廣」。

「鈴廣」が出している「切れてる板わさセット」は1・2センチに切ってある。

　この厚さが「お魚本来の弾力や味わいをしっかりとかみしめていただけると思います」と言っている。

　これに挑戦？　したのか、異をとなえた？　のかはわからないが、「ためしてガッテン」が、挑んだ？

　まず人気投票をした。

こういう飾り切りをしたものも見かけるが…
飾り切り賃取ってます

カマボコを7ミリから15ミリの厚さに切って人気投票をしたら11ミリが圧勝。

更に科学的検証を行い、咀嚼筋の活動量がどうとかで、脳波のアルファ波がこうなる、とかいうことになってくると凡愚は黙らざるをえなくなる。

「1ミリの差でカマボコの味が変わるんか」

と大声を出そうと思っても、またアルファ波を持ち出されると困るので黙ることにする。

　さあ、カマボコをミリ単位で語る時代になってきたのだ。

　最近人気の「いきなり！ステーキ」というチェーン店がありますね。

　ここではグラム単位でステーキを注文できる。

「240グラムで」とか「320グラムで」とか。

そのうち「いきなり！カマボコ」という店が出現するかもしれない。

いきなりカマボコ、というのも何だから、おかめ蕎麦でいく。

おかめ蕎麦はカマボコが主役。

ここではカマボコの厚さを指定することができる。

「カマボコは何センチで？」

「2・3センチで」

ということになり、料理人は物差しを片手に、いちいちミリ単位で計ることになって大忙しになる。

中には、

「ナナメ切りで11ミリ」

などとややこしいことを言う客も出てきて、店長も困って本部に電話ということになる。

「板のまま」

という客もいて、丸ごと一本、板のままのっかった蕎麦をすすっている客を見かける日も近いかもしれない。

駅弁は縮んでいるのか

かつて『「縮み」志向の日本人』という本がベストセラーになったことがあった。

韓国人の李《イ》御《オ》寧《リョン》という人が書いた本で、日本人は小さいものに美を認め、あらゆるものを「縮める」ところに日本文化の特徴がある、ということが指摘されている。

扇子がそう、盆栽がそう、俳句もそう、そうした発想がトランジスタラジオの開発につながっていったのではないかとしている。

当時、ぼくもこの本を読んで、

「扇子に目をつけたところがスルドイ」

と思ったものだった。

縮み志向で考えると、駅弁なんかもまさにそう。

せいぜい本一冊ぐらいの大きさのものに、ありとあらゆるおかず、考えうる限りのお

迷い箸はいけないのよね
何をどう迷うのか？
ワンカップ
鶏そぼろ駅弁

かずとゴハンが詰めこまれている。

　幕の内弁当で考えてみよう。

まずカマボコ、厚焼き玉子、ブリの照り焼き、エビの天ぷら、椎茸の煮たの、ニンジンの煮たの、レンコンの煮たの、フキの煮たの、昆布の佃煮、お新香、こうやって書いていても嫌になるぐらいのおかずが、これでもか、まいったか、と詰めこまれている。

　少なくとも10品目。

　こんなことで驚いてはいけません。

　30品目の食材が入っていることを売りものにしている「30品

目バランス弁当」というものも売り出されている。

「エ？　30品目も⁉」

と驚いている場合ではありません。「50品目バラエティ弁当」というものも売り出されている。

せいぜい10品目程度の幕の内弁当でも、いざ食べる段になると、カマボコをかじり、次はエビ天いこか、それともブリの照り焼きにするか、それともここらでゴハンを一口いくか、と、目玉は常に目まぐるしく動きまわり、箸は弁当の上をさ迷い、急ぐ必要など少しもないのに気ぜわしく、息さえ荒くなっていくのに、もし、これが30品目弁当だったらどういうことになるか、まして50品目弁当だったら……目は血走り、箸の動き右に左に激しく、心は千々に乱れて乱れ食い、手足意味なく宙を舞い、阿波踊りのごとき様相を呈することになるにちがいない。

が、これが嬉しい。

気ぜわしく、喜びのあまり全身を躍動させながら食べるところに駅弁の楽しさがある。

が、駅弁の世界は奥が深い。

悠然、おっとり、ゆったり、のんびり食べる駅弁もある。

50品目弁当がある一方で一品目弁当というものもあるのだ。

50対1。

一品だけで勝負。

たとえば小田原の駅弁「とりそぼろ」。

弁当のフタを取ると、そこに見えるのは鶏そぼろだけ（ところどころにグリーンピース）。

いくら眺めていても鶏そぼろだけ。

50品目弁当のときは、あんなに忙しく動きまわっていた目玉は止まったっきり。

動かしてもいいのだが、動かしても同じ風景だから意味がないので動かさない。

いちめんのなのはな、一面の鶏そぼろ。

幕の内弁当的賑やかさに慣れている身には、荒涼、という気がしないでもないが、じっと見つめているとだんだん旨そうに見えてくる。

こうなってくると、人間、覚悟ができてくるもので、この一品勝負弁当を、おっとり、ゆったり、のんびり食べてみようじゃないか、という気になってくる。

こういう弁当は、右端からだろうと、左端からだろうと、どこから食べ始めてもいいはずなのだ

が、人間の考えることは意外に約《つま》しいもので、きちんと左端の角《かど》のところから食べ始める。

鶏そぼろをこぼさないように一口食べ、味わい、飲みこみ、さて次は、という心境になる。

幕の内弁当に慣れきったカラダはどうしたってそういうことになる。

だが、そこにあるのはそぼろ飯《めし》。

一口目、そぼろ飯。二口目、そぼろ飯。三口目、そぼろ飯。

食べても食べてもそぼろ飯。

たまには他のものも食べてみたい、と思ってもそぼろ飯。

箸の作法に迷い箸というのがありますね、次はどれにしようかな、と、食べもの上で箸を迷わせるやつ。

そういうことをしてはいけない、というやつ。

してはいけないんだけど、この場合は迷いようがないわけだから、するはずがないのに、ふと気がつくとしてるんですね。

一面の鶏そぼろの上で迷い箸をしている。

でもこういう一品目駅弁は、作る側にしたらラクだと思うな。幕の内弁当だと、カマボコや厚焼き玉子などの配置や配色に気を使わなければならないが、鶏そぼろ弁当はそういう気づかいは一切要らない。

しゃもじで詰めこむだけ。

配置といったって、そんなものあるはずもなく、配色にしても、どこをどう配色すればいいのか。

ここでふと気がついたのだが、同じ一品目駅弁でも、鶏そぼろ駅弁とは毛色の変わった種類がある。

ちょっとエラそうにしてるやつ。

イクラだけ駅弁、ウニだけ駅弁、牛肉だけ駅弁のたぐい。

なーんかエラそうにしてるんだよね。

このたぐいの駅弁は。

「お上《かみ》にもお慈悲はあるぞ」的な、

「どうだ、こんなにたっぷりだぞ」的な。

胡桃の生き方

まことに恐縮ですが、ぼくの生い立ちから話を始めさせてください。

ぼくは生まれは東京（杉並区）なのだが、小学校の二年生のとき、急に田舎に引っ越すことになった。

疎開というやつです。

引っ越した先は田舎も田舎、ど田舎、栃木県と茨城県の県境の草深い村落で、家のすぐ近くにある炭焼き小屋からはいつも煙が立ちのぼり、猪が畑を荒らしまわり、裏山では野兎が駆けまわっているという環境だった。

こういう村落では、道で出会う人は皆顔見知りなので、挨拶がいいかげんだった。お互い黙って頷き合う程度だった。

たまたま機嫌が悪いときは、相手が挨拶をしても無視していいことになっていた。

無視された相手も、

「きょうは彼は機嫌が悪いんだ」

で済んでいた。

そういう環境の中で育っていって、中学二年生のときに東京に引っ越してきたときのカルチャーショックといったらなかった。

都会の人たちは何と軽薄で、何と浅ましい人種であることか。

自分の機嫌がよかろうが悪かろうが、人と会えばニッコリして、コンニチハ、イイオテンキデスネ、ソレジャマタ……。

機嫌が悪いときは悪いようにふるまえばいいのに、と思った。

都会の人間はみんな偽善者だ。

本当にそう思った。

何しろ、ホラ、思春期だったし。

都会では見知らぬ人同士がすぐに仲良くなる、というのも気に入らなかった。社交的である、ということが気に障った。

ぼくがそれまで生きてきた社会は、初めての人に会ったら、まずモジモジすることから始まった。

モジモジと恥じらう、そこから人間関係がスタートする。

それなのに都会の奴らときたら、初対面なのに、いきなり「や、ドモドモ」と打ち解け、「いやはやご冗談を」などと相手の肩をたたき、「じゃ、お元気で」などと心にもないことを臆面もなく口にする。

ちょうどそんな時期である、胡桃《くるみ》に出会ったのは。

ぼくの育った村落には胡桃がなかった。

なぜか胡桃の木がどこにも一本もなかったので、それまで胡桃の実に出会ったことが一度もなかった。

出会って、とたんに打ち解けた。

気の合いそうな奴がここにいる！

何だか極り悪そうにモジモジしている。
自分から話しかけてくる気配がない。
お世辞なんかも言いそうにない。
機嫌もあまりよくなさそうだ。
出来たら人込みの中に出て来たくない。
奥に引っ込んでいたい。
同じ木の実仲間でも、銀杏なんか機嫌よさそうじゃないですか。

胡桃がその気なら
こっちにだって考えが
あるぞ、と、あれこれ
対抗策を考えるのも
楽しいのかもしれない

胡桃と同じように殻は被ってるけど、剝こうと思えば簡単に剝けるし、剝けば中から元気よく色彩やかな丸っこい実が転がり出てくるし、食べればおいしいし、炒りたての銀杏の小皿が湯気を上げて食卓に出てくると、とたんにあたりが賑やかになる。

わが朋友胡桃のほうはどうか。
まず、その姿《すがた》、形《かたち》。
それを見ただけで、このものが只者じゃないことがわかる。

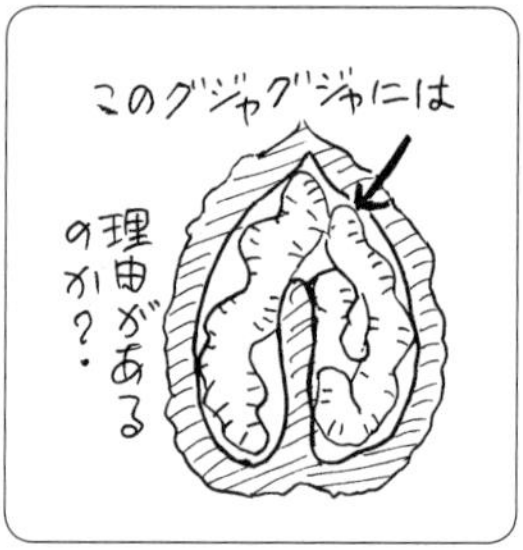

まん中に大きくタテのスジが通っていて、殻の表面はゴツゴツというか、シワシワというか、そのことにどんな意味があるのかわからないのだが、とにかくそういうことになっている。

そしてこの殻が硬くて割れない。

とにかく割れない、頑として割れない。

この、割れない、ということに意味があるのかというと、リスなんか簡単にカリカリと歯で割って食べている。

人間だって、簡単に胡桃割り器というものを発明して簡単に割っちゃう。意味ないじゃないか、と人は言うかもしれないが、ぼくはそこが好き。偏屈というところが好き。

殻ようやく割れました。

銀杏だったら、ここで丸っこい中身が転がり出てくるところだが、胡桃の場合は出てこない。

殻の中に複雑なミゾがあって、そのミゾの型にひっそりと潜んでいる。いまさら潜んだってどうにもならないのに、あわてず騒がず潜んでいる。

そして胡桃の実の最大のナゾがあの形。

人間の脳みそにそっくり。

あの脳みそのシワシワみたいなくねりは、どういう意図があってああなっているのか。

どうしてもあの形でなければならないのか。

またしても銀杏を引き合いに出して気の毒だが、銀杏の表面はスベスベで、スベスベで十分やっていけているではないか。

木の実にしろ果物にしろ、その形にしなければならない理由があってそれぞれの形になっているわけだが、胡桃には、

「わたしはこの形になりたい」

という思いがもともとないのではないか。

鯛焼きの場合で考えてみよう。

鯛焼き器は鯛の形の枠があって、その枠の中に小麦粉とアンコを入れると鯛の形に焼きあがる。

それと同じで、胡桃の殻の内側には枠があって、その枠にはまり込んで実が成長していく。

胡桃はもともと、こうなりたい、という形がなく、捻じくれたところがあり、簡単には打ち解けないぞ、というところがあり、きょうは機嫌悪いよ、というところもあり、そういうところがぼくと気が合う。

豚肉の脂んとこ

人間、生きていると悩むことばかり。

小さなことから大きなことまで、悩みごとの種は尽きない。

尽きないので、新聞や雑誌やラジオなどでは「悩みごと相談室」というのを設けてその応援に忙しい。

夫婦のこと、家族のこと、財産相続のこと、会社の上司のこと、お墓のこと、人生の重大事もあれば、人生の極小事もある。

「昔の彼がどうしても忘れられない（81歳女性）」

などというのもあり、

「何というくだらないことを」

と思いつつもつい読んでしまう。

角煮って見ているだけで幸せ
脂
脂
脂
傾《かし》いでる

そうすると相談員という人が、大真面目で相談にのり、尤《もっと》もらしい解決法を提案しており、いかにも理にかなっているので、ナルホドなァと感心してしまうことがよくある。

　もちろんぼくにも悩みごとはある。

　ベーコンが悩みの種である。ベーコンを買おうと思ってベーコン売り場に行く。

　ここで悩みに悩む。

「悩みごと相談室」ふうに書くと、

「ベーコンの肉と脂の比率で悩んでいます（79歳男性）」

ということになる。

誰でも知っていることだが、ベーコンは肉の層と脂の層がくっきりと分かれている場合が多く、その比率が一目でわかる。

全般的にいうと、脂の層のほうが多くて全体の7割、肉の層が3割というのが多い。

ぼくはもともと肉の脂身のファンなので、このことに何の異存もない。

比較のために別のパックを取り上げてみると、こっちは脂が7・5割、肉2・5割となっている。

もとよりファンの身の上である。

(やぶさかではないな)

と思う。

更にもうひとパック取り上げる。

こちらは脂が8割、肉が2割。

こうなってくると悩みに悩む。

ほんとのことを言うと、こっちは脂が9割だっていい、とさえ思っているのだ。

その9割を焼くと、9割がいっせいに焦げて縮み出し、捩《ねじ》れ出し、反り返り、しかし肉のほうはあまり縮まないので全体が波打ち、あるところはカリカリになり、またあるところはジュクジュクと脂にまみれ、と、ベーコンのパックを三つ手にしたまま天を仰いで困惑と恍惚の表情になっていたりする。

牛肉のことはいざ知らず、豚肉に限っては肉と脂を切り離して考えることはできない。もちろん脂身のないヒレ肉というものもあるが、われわれがふだん多く接するのは〝脂身と共に〟の豚肉である。

ぼくの場合は特に〝共に〟の思想が強く、たとえタンメンであってもその思想から逃れることはできない。

タンメンにはモヤシほどの大きさの小さな肉片がたまーに入っている。それを目ざとく見つけて箸でつまみ上げ、じーっと見つめ、その先端に脂身がくっついているのを見ると心からホッとすることがたびたびある。

ついてる!!
脂
タンメンの中から拾い
あげた肉片の先端には

〝脂身なき豚肉は去れ〟の思想は豚肉生姜焼きにも及ぶ。

豚ヒレ肉の生姜焼きって考えられますか。

その肉の周辺のどこを探しても脂身が見つからない豚肉の生姜焼き、思っただけでも食欲が萎《な》える。

肉の片側に細く長く厚く脂身がくっついている豚肉生姜焼き、思っただけでも生唾。

食べるときも、一口分に肉と脂んとこがほどよ

く配分されるように考えながら食べる。

そのために箸を口から遠まわりにさせながら食べたりするところが豚肉生姜焼きのおいしさだ。

それにしても、豚肉ぐらい脂んとこが似合う肉ってほかにあるだろうか。

豚の角煮というものがありますね。

あれなんか見てるだけでも楽しい。

小さめの名刺ぐらいの大きさで高さ5センチぐらいの角煮が皿の上に屹立している。柔らかいので少し右に傾《かし》いでいる。

一番下が肉、その上に脂、その上にまた肉、その上にまた脂、なんて見たままをそのまま書いているだけなのにとても楽しい。

沖縄のラフテーの場合は、肉、脂、肉、脂、と書いて、更にそのてっぺんに皮んとことつけ加えなければならないのだが、皮んとこ、とつけ加えるとき嬉しい。

皮んとこが何ともいえずおいしいんですよね、ラフテーは。

あれ？　この文章は悩みごとで始まったんでしたよね。

ベーコンで悩んでたんですよね、たしか。それがいつのまにか、楽しい、とか、嬉しい、とかいう話になっている。

そういえば、脂身のことで悩ましいことがあるのを思い出した。

トンカツです。

もちろんぼくはヒレカツよりロースカツが好きなのだが、ロースカツの脂身が悩ましい。

ベーコンも豚肉の生姜焼きもタンメンの肉片も角煮も、脂のありようが目で見える。

だがトンカツはコロモで覆われているのでそのありようがわからない。

大体の予想はつくが、実態は事前には不明である。

でも知りたい。

そこでこういうのはどうだろう。

空港に金属探知機があるように脂身探知機というのを開発する。

もちろんあんなでかい機械は困るから小型化する。

脂肪探知装置をスマホに内蔵させる、というのはどうでしょうか。

悲運！　油揚げ

人々は油揚げの悲運についてあまりにも無知である。

この場合の「人々」は日本人に限定される。

外国の人々は、突然「アブラアゲ」と言われても、それが何物なのかわからないので、ましてやその物の運不運について語ることはできない。

人々（日本人）は、

「油揚げは、あれはあれでけっこう楽しくやっている」

と思っている。

日本人にとって油揚げはあまりにも身近な存在で、ほとんど毎日といっていいほどどこかでお目にかかっている。

まず味噌汁。

油揚げと大根の千六本。

油揚げとワカメ。

油揚げと豆腐。

油揚げとネギ。

「油揚げと」と、頭に油揚げが付くくらい、油揚げは家来を引きつれて味噌汁界に乗りこんできている。

と、人々は思っている。

ここに人々の（と言っても日本人）大きな誤解がある。

つまり人々は（くどいけど日本人）、

「油揚げはあれでけっこう大きな顔をして世間を渡り歩いている」

と思っている。

稲荷寿司というものもある。

油揚げなかりせば稲荷寿司成り立たず、と言われるぐらい、ここでも油揚げは主役を張っている。

もし油揚げがなかったらですよ、いくら酢飯のほうが何も被らずに稲荷寿司の形に丸まって待っていてもどうにもならないじゃないですか。

おでんの世界では袋物、巾着物として重きを置かれている。

油揚げを開いて袋状にして、シラタキ、挽き肉、キャベツ、椎茸などを詰めこんで首ねっこのところを干瓢《かんぴょう》で縛ったのが袋。

餅を入れて巾着型にしたのが餅巾着。

御抱え、という言葉がありますね、大名御抱えの絵師、とか、社長御抱えの運転手とか……。

見ればわかるが、まさに御抱え。

日本における餅の地位は高い。

神事に用いる神饌《しんせん》としての鏡餅。

家を新築したときなど、お目出度いときにバラ撒き、みんな有り難がって拾う餅。

その地位の高い餅を、御抱えとして雇っている油揚げ。

その身分の高さにははかりしれないものがある、と人々は思う。

もし油揚げがなかったらですよ、おでんの袋はどうなります？

シラタキも挽き肉も椎茸も、おでんのツユの中にバラバラに散ってしまってどうにもならないじゃないですか。

と、このように、人々は、

「あれでけっこう人生を楽しんでいる」

と思っている。

ところがそうじゃないんですね。

油揚げは、あれでけっこう悩んでいるんですね。

この生き方でいいのか、と、ずうっと悩み続けていることを多くの人（日本人だけ）は知らない。

実は油揚げは己《おの》が悲運をずうっと嘆き続けているんです。

どうしてそんなことがおまえにわかるのか、と、いきりたつ方もおられましょう。

順を追って話しましょう。

まず油揚げの出自から考えてみましょう。

油揚げの出自は豆腐です。

豆腐として生まれたからには豆腐で生きていきたい、というのが彼の本心だと思う。

どんな世界でも、正統派は常に高い評価を受ける。

特に日本人は血統ということを重視し、会社のような血統と何の関係もないはずのところでも、

「彼は血筋がいいからね」

という話になると、みんな急に態度を変えたり、急に尊敬したりする風習がある。

油揚げの血統をたどると豆腐に行きつく。

正統派でないオレ、そこに彼の引け目がある。

どうしてそんなことがわかる？　という問いが再び発せられると思うが、そんなこと、見てればわかるじゃないですか。

何となく卑屈じゃないですか、態度が。

シワシワじゃないですか、全体が。

ヘナヘナじゃないですか、全身が。

何となく媚びてる感じしませんか、豆腐と比べて。

苦労してる感じしませんか、豆腐と比べて。

ここなんです、問題は。

〝豆腐と比べて〟というところに問題があるのです。

ここんとこでどうしても血筋ということを考えざるをえないんです。

気品がありますよね、純白で、四角くて、部厚い豆腐には。

油揚げにはどうしても〝薄っぺら〟という感じがつきまとう。

事実薄っぺらいので自分でもどうすることもできない。

そこいくと、どっちの味方をするわけでもないが、湯豆腐、小賢しいこと一切せず、裸身でただ湯の中に浮かんでいるだけ。

それだけで気品が漂っている。

京都あたりでは伝統美とかいうことになっていてみんなの尊敬を受けたりしている。

片っぽうは油で揚げられたり、お腹にいろんなものを詰めこまれたりして苦労しているのに、あっちは浮かんでいるだけ。

多分、相当くやしい思いをしているのではないでしょうか。

先述の「油揚げと豆腐の味噌汁」を思い起こしてください。

まさにその両者が、一つの器の中で同席しているのです。

油揚げの心中やいかに。

モヤシ達は今

おととい、何年ぶりかでモヤシラーメンを食べた。

麺の上にモヤシだけが載っているラーメン。

モヤシラーメンと聞いて、まず何が頭に浮かびますか。

廉価？　安直？　清貧？　適当？　けち？

そっちじゃないんです。

清廉、愚直、無欲、恬淡《てんたん》、清楚。

こっちを頭に浮かべて欲しいなあ。そうして、できることなら、高潔、風雅、そのあたりにまで想像を高めていって欲しいなあ。

だいたいですね、最近のラーメンてものは、やれ、スープがどーの、やれ、麺がこーの、チャーシューがあーの、メンマがどーのこーの、と、食べるとき鼻息を荒げ過ぎる。

スープを一口すすってはウームと唸り、チャーシューをかじっては無念のため息を吐き、メンマを噛んでは天を仰いだりして動きが大き過ぎる。

ラーメンを食べるのにそんなに動いちゃダメ。

ひっそりと食べ、最後のスープをゆっくりすすり、静かに箸を置き、何も思わず、褒めもせず、くさすこともなく、丈夫な体をもち、欲はなく、いつも静かに笑っている、そういう食べ方をするものなのです。

無欲、無私、これこそがラーメンの本来の食べ方だとぼくは思うのです。

モヤシラーメンを上空から見ればそのことがよくわかる。見えるのはモヤシのみ、一面のモヤシ、見渡すかぎりモヤシ。モヤシだけ、とも見えるし、モヤシが群がっている、とも見えるし、モヤシで賑わっている、とも見える。

チャーシューを欲しがらず、メンマを求めず、煮卵、海苔には目もくれず、東に旨いラーメン屋があれば行って旨いと言ってやり、西につぶれそうなラーメン屋があれば行ってこわがらなくてもいい、と言い、そういうラーメンファンでありたいとぼくは思っているのです。

具としてモヤシを選んだのがよかった。

エノキ茸というテもあったはずだ。

干ぴょうというテもあったはずだ。

だが、もしエノキ茸を選んでいたらどうなったか。

やたらに歯にはさまって、店中、その対策に苦慮する客だらけになったはずだ。干ぴょうだったら、よくわからないけど、とにかくヘンなことになってることはまちがいない。

おととい行ってモヤシラーメンを食べた店は、吉祥寺の駅の近くのビルの地下にある創業40年以上という老舗で、店内は昭和の匂い横溢、メニューには昔懐かしい「メンマラーメン」「ネギラーメン」などがあり、その中に「モヤシラーメン」があった。

この店はふつうのラーメンが６００円なのにモヤシラーメンは８００円。店側がいかにモヤシを尊敬しているかがわかる価格である。

そのモヤシ達が盛んに湯気を上げてやってきた。

モヤシの湯気には独得の風情があって、盛ん、かつ賑やか、かつ広範、そして無心。

盛り上がって層になっているモヤシに箸を突っこみ、大づかみにつかんでモヤシだけを口に入れる。

わたしは尊敬を込めてモヤシっ子ではなくモヤシ氏と呼んでますけどね

最初シャキシャキ、それが次第にザクザクになり、しばらくザクザクが続く。モヤシは単体で味わうことはない。
常に集団で味わう。
モヤシ達が集団でザクザクと倒れていく、切断されていく、破砕されていく。モヤシのザクザクは蹂躙《じゅうりん》の快感である。
あってはならない快感ではあるが、いま、ここ、わが口中で行われている蹂躙を人は非難することができるだろうか。

人権蹂躙はあってはならないことであるが、モヤシ蹂躙に関しては人々は口を閉ざす。

閉ざすどころか、

「モヤシはザクザクがおいしいんだよね」

などと嬉しそうに言ったりする。

不思議なことに、モヤシラーメンは具はモヤシだけなのに何の不満もない。チャーシューもメンマも欲しくない。

モヤシの実力、ということなのか。モヤシのザクザクをくり返しているうちに重大な発見をした。

モヤシにはモヤシっ子という言い方がある。ヒョロヒョロ、脆弱、ひ弱という意味を込めてそう言う。

昔のモヤシは確かにそういうところがあったかもしれないが、いまのモヤシは体格もすっかりよくなり、身長も伸び、全体的に逞《たくま》しくなった。

腰のあたりの肉付きもよくなったし、胸まわりも豊かになり、ムッチリしてきた。

しっとりと張りつめた柔肌の色艶もよく、成熟しきった感じもあり、何だか表現がおかしくなってきたような気もするが、こうなってくると、モヤシっ子というよりモヤシっ娘《こ》と言いたくなってくる。

要するにナイスバディになったのである。

これまでモヤシが絵のテーマになったことはないが、こうなってくると話はちがってくる。

もちろん単独で一本だけ、というのは無理だから、集団として、群像として。

モヤシっ娘、すなわち若い娘たち、それも成熟しきった娘たちの群像、ということになれば、ルノアールあたりに描いてもらう、という方向性が見えてきた、という気がしないでもない。

ルノアールが描くモヤシの群れ、一度見てみたいような気がしないでもない。

おにぎりは泣いておるぞ

おにぎらずという新種のおにぎりがブームになったのはついこないだのことだった。

おにぎりというものは、本来手でにぎっておにぎりとなすべきところを、時代の要請、是非もなく、にぎらずにおにぎりにしたものがおにぎらずである。

覚えてますすか、おにぎらず。

ブームということで二〇一五年の四月、取り上げて紹介したばっかりなのに、その舌の根も乾かぬうちに、ボールペンのインクも乾かぬうちに、またしても新種のおにぎりがブームになりつつあるというのです。

今度の新種は棒おにぎり。

スティックおにぎり、とか、おにぎりスティック、というネーミングらしいのだが、要するに棒。

スティックおにぎりの次は何か?・
団子おにぎり
ヨウジ
一口おにぎりともいう

おにぎりというものは「猿かに合戦」「おむすびころりん」の昔から、丸くてころがるものだった。

「昔々、あるところに」で始まる日本昔噺の昔から、人々はそういう認識で日々の営みを営んできた。

そこに、まさに藪《やぶ》から棒、棒のおにぎりが出現したのだ。

棒というものはもともと縁起のよくないものとして認識されている。

何の罪もない犬だって歩いただけで棒に当たるし、棒読み、棒暗記、棍棒、泥棒、というように、主として邪悪関係に用いられることが多い文字なのだ。

それを善良を絵にかいたようなたたずまいのおにぎりに当てはめるなんて。

それに、おにぎりは、さっきも書いたように、昔のお伽《とぎ》話に出てくるような、日本の伝統食でしょ、レガシーでしょ、そういうものに、スティックなどという紅毛碧眼の人たちの言葉を混入させていいものなのかどうか。

おにぎりの古老たちは泣いてくやしがっているにちがいないのだ。

おにぎりスティックとはそも、いかなるものなのか。

形は、おおざっぱに言うと、干ぴょう巻きや納豆巻きに似ている。

ただし海苔は用いない。

海苔の代わりにラップを用いる。

とりあえず、そんなような形を頭の中に思い描いてください。

そうしておいて、そこから干ぴょうを抜いちゃってください。

納豆も抜いちゃってください（納豆の場合は干ぴょうより少し厄介）。

で、その抜いちゃった穴に、おにぎりに用いる様々な具が詰めてある、というようなものがおにぎりスティックなるものだと思ってください。

どうやって食べるか。

海苔で巻いてなくて裸状態のおにぎりが、魚肉ソーセージ風にラップでくるんであるわけだから、食べるときはラップを剝きながら食べることになる。

バナナ食いということになる。

海苔で巻かない、という点がスティックおにぎりがこれから流行りそうな要因となっている。

すなわちスティックおにぎりの側面、ここが空白になっているわけだから、ここをいろんなふうに、賑やかに飾りつけることができる。

色とりどりのごはんのふりかけをふりかけることができる。

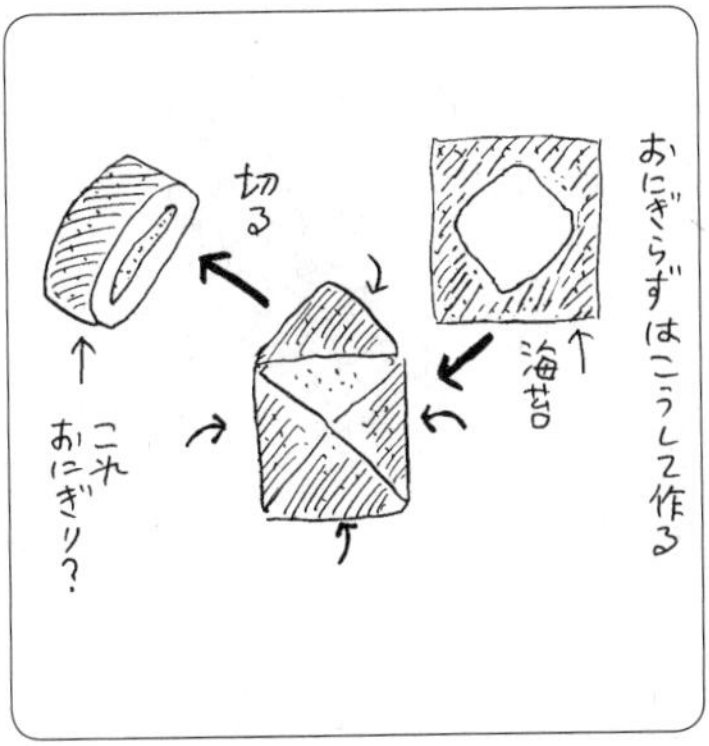
おにぎらずはこうして作る
海苔
切る
これおにぎり?

海苔を細く切ってマリーンルック風に巻きつけることができる。

サーモンを張りつける。

ハムを巻きつける。

ネットにはマンガのキャラを張りつけたものも出ている。

これまで地味で愚直でひっそりとしていたおにぎりの周辺が、棒化することによって急に賑やかになる。

こういうおにぎりは誰に受けるか。

そうです、幼稚園児に受ける。

これからの幼稚園のお弁当はスティックおにぎりが全盛となる。そういう育ち方をした子供たちが次々に大人になっていく。

そうして、そういう大人たちがどんどん増えていく。

そういう時代になったとき、昔からある日本のおにぎりはどういう目で見られるか。

古代おにぎり。

黒い海苔に包まれた暗くて丸いゴハンのカタマリ。

無気味とは言わないが、そのころの幼稚園児にとってみれば、おいそれとは手が出ない食べものになっているような気がする。

ここで日本のおにぎりの歴史をふりかえってみよう。

それは「おむすびころりん」の昔から始まった。

そこからついこないだまで、おにぎらず出現まで、何百年という歴史を守り、旧弊を循守《じゅんしゅ》し、平和で穏やかな暮らしを歩んできた。

それなのに、ここへきて、まさに黒船襲来のおにぎらず、続いてスティックおにぎりの不意打ち、それまでの美風であったころりんの形からおにぎらずの扁平へ、そして泥棒の棒へ。

おにぎりへの冒瀆、とまでは言わないが、伝統の無視、一方的な変革の通告ということは言えるのではないか。

スティックおにぎりの側面にマンガのキャラというのは〝おにぎりで遊んでいる〟ということにならないか。

おにぎりを構成している主体は何か。それは米である。

昔々、米は神饌であった。

祭事、神事において、神に奉《ささ》げる山の幸《さち》、海の幸の代表格として米は人々に尊ばれ、敬われ、崇《あが》められてきたのだ。

さつま芋とか、大根とか、そうしたものとは別格の、神ってるものとして崇敬の対象だったのだ。

さつま芋などが、芋ってる、などとバカにされているのとは大違いなのだ。

おにぎりで遊んだりするなどもってのほか。

ゴハン一口の犯行

こういうことを考えたことはありませんか。

普段、われわれは茶碗一杯のゴハンを何口ぐらいで食べているのだろうか。

え？　一度もそんなこと考えたことない？

まずいな、それは。

そういう人はいずれまずいことになるな。

不作為の作為があったということで糾弾されることになる。

なぜそういうことになるのか、それは本文を読みすすめていくうちに次第に明らかになっていく手筈になっている。

自分は茶碗一杯のゴハンを何口で食べているのか。

ほかの人はどうなのか。

一見
何の考えも
なく
ゴハンを一口分に
まとめようと
している
と
見えるが
実は……

そのことに興味を持ったぼくは早速実験を試みたのだった。

茶碗にゴハンを盛り、それを箸でおおよその一口大にして取り分けて皿の上に並べていった。

十一口だった。ま、大体、十口。

ヘエー、十口だったんだ、そうだったんだ、妥当という言い方はヘンだが、穏当な数だな、と思った。

六口だったら少ない、と思ったただろうし、二十口だったら多過ぎると思ったはずだから、よかった。

食事のとき、われわれはそのゴハンの一口分を無心に、無作為に作って口に入れている。

ことさらに今回のこの一口はうんと大きめにしよう、とか、今回は極力小さめにしよう、とか、いちいち考えたりはしない。

さっき実験で作った一口分のゴハンは無作為の大きさで作られている。

無心、無作為、恬淡《てんたん》。

そうやって一口分を作って食べて十口。

最近はゴハンをお替わりする人は少なくなっていて一食一膳という人が多い。

結論。

われわれの普段の食事の一回分のゴハンは十口である。

ここで突然裁判長が登場する。

「被告はいまそのように断定した。その断定に間違いはありませんね」

いつのまにか被告になっている。

「間違いありません」

被告は胸を張って答える。

人は意外な所で、意外な問題で突然災難に遭うということはよくある。

舌禍というほどではないが、この断定が少しずつ事件化の様相を帯びてゆくことになる。

「被告の先ほどの実験におかずは登場しましたか」

「登場しません。実験ですから」

被告は、それが何か？　という表情。

「普段の食事において、おかずのない食事というのは考えられますか」

「……」

「被告は先ほど『われわれの普段の食事の一回分のゴハンは十口である』と断定しましたね」

「……」

「普段、という言葉を使いましたね」

「……」

少しずつ追い詰められていく被告。

「参考までに伺いますが、直近の食事の内容はどのようなものでしたか」

「エート、ゴハンと塩鮭とタクアン二切れと味噌汁でした」

今日の朝食である。

「その塩鮭をおかずとして箸で取り分けたとき、

定食屋の器だと
何口か？
今度調べてみなくちゃ

思いもよらず大きめに取れちゃったことってありませんでしたか」

「しょっちゅうありました」

「そのとき、その大きさに見合った分、一口分のゴハンを多めにした、というようなことはありませんでしたか」

「三度ありました」

「いま、三度多めにした、と言いましたね。多めにした、ということは、そういう意図があった、ということになります。無心ではなかった、ということになります」

「……」

「作為があった、ということになります」

「でも、自分の意識の中では、特に多めにしようと考えたわけではなくて、ごく自然に箸が動いて……」

「不作為の作為ということになります」

「……」

「不作為犯ということになります」

とうとう犯人ということになってしまった。

ぼく（被告）としては、ほんの軽い気持ちで、楽しくこの文章を書き始めたつもりだったのに、いつのまにか、周辺に暗い空気が漂い始めていたのに気がつかなかった。気がついたときには犯人にされてしまっていた。

ゴハンと塩鮭でも犯行は成立するらしいのだ。

でも、これは心から誓うのだが、動機に作為はなかった。

ほんの出来心、もののはずみ、魔が差しただけで、最初から犯意があったわけではないのだ。

法律にくわしいわけではないが、作為犯と不作為犯では刑期も違ってくるはずだ。

犯行と言ったって、塩鮭でゴハンを食べただけの話ではないか。

オッ、裁判長がまだ何か言ってるぞ。

「被告人のここまでの供述は、塩鮭の問題のみに限られています」

「ハイ」

「おかずとして塩鮭以外にタクアンも食べていますね」

「ハイ、二切れ」

「タクアンのときにも、塩鮭のときと同様の犯行を犯しませんでしたか。すなわち齧《かじ》り取ったタクアンの大きさに合わせて一口分のゴハンの量を意図的に多くした、とか」

どうやら刑期は長くなりそうだ。

芋ってる人々

神ってる人というのはめったにいないが、芋ってる人はいくらでもいる。

芋ってる人はあちこちで見かける。

サザエさんの漫画に出てくる女性たちはやたらに芋る。

最近あんまり見かけなくなったが、かつて焼き芋屋の全盛時代があり、サザエさん自身も焼き芋屋を追いかけて芋っていた。

焼き芋屋は屋台を引きながら、いーしやぁーきいも〜、いも、いも〜

と放送したあと、

早く来ないと行っちゃうよ〜

と脅迫するのでサザエさんは追い掛けることになる。

天女などが空を飛ぶのを天翔《あまがけ》るというが、サザエさんは芋駆ける。

この場合の芋はさつま芋。芋の種類はたくさんある。

さつま芋に始まって、じゃが芋、里芋、山芋とあり、芋族はどういう理由からなのかわからないが全員地下で生活することを好む。

一族の中には、わたしたちは地表で暮らします、というのがいても不思議ではないと思うのだが、そういうのはいない。

「生まれた場所で生きなさい」という教えを先祖代々守っている。

芋族は色も地味、形も地味、味も地味、見合い写真の紹介風に言うと、

「とても真面目な方ですの」

ということになる。

土の中にいるんだから、そりゃあ色だって地味になるわさ、と言う人もいるかもしれないが、じゃあ人参はどうなのさ、ということになる。

土の中にいるのに赤くて派手じゃないのさ、ということになっていく。

さつま芋は女性に人気がある、ということになっている。

いっとき、さつま芋のケーキがブームになって、そのときは、デパートの芋ケーキ売り場に長蛇の列ができ、並んでいるのは若い女性ばかりだった。

芋ガールが列をなして芋っていたのだ。

芋で芋るのは女性ばかりとは限らない。

男性も芋で芋る。

里芋で芋る。

居酒屋の突き出しに衣被《きぬかつ》ぎが出たりすると、大抵のおとーさんは急に目を輝かし、

「コレハ、コレハ」

と感嘆の声を発し、急に恐る恐るという手つきになり、怖々《こわごわ》と皮のところを持って口に運び、きょろりと口の中に落とし、モグモグと口を動かして、

「ただいま芋り中」

という顔になってニッコリする。

じゃが芋ということになると、これはもう、男も女もなく、大人も子供もなく、人類全体が芋る。

人類の開拓史はじゃが芋の開拓史でもある。

世界中どんな土地にも適合し、しかも手間ひまかからずに生長して実を結ぶ。

じゃが芋と麦、この二つで人類の食糧史は語られることが多い。

それだけにじゃが芋料理は多い。

まずコロッケで芋る。

ポテサラで芋る。

肉じゃがで芋る。

フライドポテトで芋る。

じゃが芋で芋らない人はないというぐらい盛んに芋る。

じゃが芋になると、さつま芋のような男女の好みがなくなるところが不思議。

山芋になると、これまた急に男女の好みが復活する。

山芋は、どちらかというと、おとーさんたちが芋がる。芋がる、という活用語尾は、強がる、とか、したがる、のがるで、山芋となるとどうしてもおとーさんたちが芋がっちゃう。

会社の多い地区には「麦とろ定食」の店が少なくとも一軒はあって、昼食どきはどこも行列ができる。

「麦とろ定食」は、何しろアッというまに食べられ、アッというまに席を立って出て行くことになり、客にも店にも喜ばれる。

ぼくも一度こういう店で「麦とろ定食」を食べたことがある。長い行列のあと、ようやく席につき、それからも五分ほど待ってようやく「麦とろ定食」が来、麦めしにとろろをかけて掻き混ぜ、丼を口のところへ持っていって傾けるとアッというまに口の中に流れこみ、アッというまに食べ終えてしまい、

「このあと自分はどういう行動をとればいいのか」

と呆然となってしまい、その後の間《ま》が持てなくて、しばらくモジモジ、マゴマゴした記憶がある。

でもそのあと、急に山芋に芋づいて、やたらに自分で山芋を買ってきてとろろ飯《めし》を作

って食べたりした。

芋づく、というのは、産気づく、とか、色気づく、のづくで、山芋には似合わない用法のような気もするが、芋ってる、が認められつつある今日《こんにち》、やがて芋づくも一般的な用法として、ごく普通に使われるような日がくるような気がする。

芋めく、なんていうのもそのうち一般的になっていくかもしれないな。

冬めく、の、めく。

手紙の冒頭に、

「木の葉が舞ってすっかり芋めいてまいりましたが、お元気ですか」

なんて。

2016年の流行語大賞「神ってる」という表現は、このように言語の文法に大きな影響を与えつつあるような気がする。

大阪のおばちゃんはハンドバッグの中にいつも飴を入れて「飴ってる」。

居酒屋のおとーさんたちは、酎ハイを「ぐびってる」。

腰巾着のサラリーマンは、上役にヘコヘコ「ヘコってる」。

「ヌーハラ」何するものぞ

どうも何だか話がややこしくなっていきそうな雲行きである。

「ヌーハラ」である。

「ヌーハラ」問題がテレビやネットで盛んに論議されている。

「ヌーハラ」とは何か。

ヌードルハラスメントである。

平たく言うと「麵ズル」問題。

日本人はうどんやラーメンを食べるとき、ズルズル音をたてて食べるが、あれをあのまま放置しておいてよいのか、という問いがいま澎湃《ほうはい》として起きつつあるのだ。

しかもこの問題の解決は、いずれ、とか、そのうち、とかののんびりした話ではなく、喫緊のテーマと化しつつあるのだ。

当店では
必ず
音をたてて
食べてください
こういう
店が
あっても
いいな

なぜ澎湃か、なぜ喫緊か。

2020年にはオリンピックが来ることになっている。

あと3年、たった3年で、300年の歴史と伝統を誇る日本文化、麺ズル文化を消滅させるのか、存続させるのか、その結論を出さなければならなくなったのだ。

オリンピックが始まってしまってはもう遅いのだ。

〔オリンピック始まる〕〔外国人大勢来る〕〔街歩く〕〔蕎麦屋発見〕〔店構え珍しい〕〔入る〕〔客全員ズルズル〕〔オー、ノー〕〔オー、下品〕〔世界中の人言う〕〔日本人野蛮〕〔国連動く」〔禁ズル決議法可決〕〔発効〕……。

という経過をたどることになるかもしれない。

日本人だって黙ってはいない。

麺をズルズル啜《すす》ってどこが悪い、という国粋派。

すべてがグローバル化する今日《こんにち》、ここはひとまず引き下がろうではないか、という開国派。

店内に外国人がいたら禁ズル、いなければズルズル、という妥協派。

ただこの妥協派は、店内に外国人がいないので安心してズルズルやっていたら、急に外国人がやって来る、という場合もあり、その外国人が店内をのぞいただけで入らなかった、という場合もあって、いろいろと忙しいことになる。

安倍内閣はそのあたりのことをよく考え、事前に日本国として何らかの手を打っておかなければならない。

「麺ズル」に対する国家としての姿勢、政府としての態度を示しておかなければならない。

「麺ズル」問題で国内が混乱、という事態だけは何としても避けたい。

ぐずぐずしていると問題がこじれ、様々な経過を経て様々な保護団体が動き始め、やがてユネスコなんかも動き出し、なぜか動物保護団体なども動き出して対捕鯨用の船で蕎麦屋に体当たり、などという騒動も考えられないわけではない。

ぼくの立場ですか。

ぼくは国粋派です。

断固、ズルズル強行派です。

だって、麺をズルズル啜って食べるのは日本文化の一つでしょう。

第一気持ちがいいじゃないですか、ラーメンをズルズルッて啜りこむとき、それまでバラバラだった麺が口のところで窄《すぼ》まって通過していくじゃないですか、そうすると麺が唇を擦《こす》るじゃないですか、唇って擦られると気持ちがいいじゃないですか、ぼくはあれが好きじゃないですか、だから麺のたぐいは、うどんであれ、蕎麦であれ、素麺であれ、トコロ天であれ啜って食べたいじゃないですか。

エ？　トコロ天は麺じゃない？　そのへんのところは、ま、いいじゃないですか。
日本特有の文化の一つとして落語があります。
その中に「時そば」という演目があって、その話の途中に蕎麦を啜るシーンが必ずある。

このシーンを名人が演じると真に迫って、全くの「エア」なのに本当に実物を啜っているように見える。

扇子を箸に使って汁をジルジル啜り、ズルズルズルーッと大きな音をたてて蕎麦を啜る。

このときのズルズルの音の見事さ、適確さに、日本人は一斉に大拍手を送る。

感激せずにはいられないのだ。

中には笑いながら涙をぬぐっている人さえいる。

日本人は、そのぐらい蕎麦を啜るズルズルという音に親近感を持っているのだ。

そのぐらい好ましい音としてとらえているのだ。

その愛《いと》しいズルズルを、グローバルとかいうことだけで見捨てようというのか。

そんなに簡単に見捨てられるものなのか。

ぼくはそういう弱腰、臆病、変節の徒を蔑《さげす》む。

だから、たとえ外国人１００万人ありとても、ただ一人、麺ズルの道を歩み続けるつもりだ。

と言い切ったところで、次のような場面が頭に浮かんだ。

ときまさに、オリンピックまっ盛りの某月某日。

一人で蕎麦屋に行く。

そうしたら、店内は外国人だらけ。

外国人14人、日本人はぼくを含めて3人ということにしましょう。

空席少なく、外国人5人が座っているテーブルにぼくが相席。

しかもぼくの右隣のテーブルも外国人でこれが3人。

つまりぼくは外国人に取り囲まれていることになる。

ぼくが注文した天ぷら蕎麦が来る。

〔ぼく箸を割る〕〔外国人たちぼくに注目〕〔ぼく、まずツユを音をたてずに啜る〕〔次に箸を丼に突っこむ〕〔麺を一口分すくい上げる〕〔しばらく考える〕〔そののちそれを口にくわえる〕〔しばらく考える〕〔そののち、それを箸で押しこんで音をたてずにモグモグと食べる〕……多分。

雑煮はスープか?

この正月、コンビニで「おもちすうぷ」なるものを発見。

カップ麺と同様の容器の側面にそう書いてあって、早い話が「すうぷ」はスープで「おもち」はお餅で、てっとり早く言えば「カップ雑煮」ということであるらしかった。

カップをよく見ると、まぎれもない雑煮の写真が印刷されている。

だったら素直に「カップ雑煮」とすればいいのに、と誰しも思うところであるが、メーカーだってバカじゃない、それにはそれなりの理由がないわけがない。

まず第一に考えられるのが罪の意識。

雑煮といえば日本のお正月のシンボル。

門松、鏡餅、屠蘇《とそ》と共に、雑煮は日本のお正月の大御所である。

本来であれば漆塗り、ひょっとするとそこへ金箔という椀に盛られるべき身分の雑煮

を、こともあろうにペナペナの紙コップ（使い捨て）に放り込んだという申しわけなさ、罪悪感、きまりの悪さ、そうした思いが、メーカーをしてヘンなネーミングに走らせたのではないか。

「すうぷ」だって素直にスープでいいのに「すうぷ」。

高貴であるべき雑煮を、使い捨ての紙コップに押し込めて貶《おとし》めたという自責の念、苦衷《くちゅう》の果ての配慮が、「すうぷ」などというヘンな形になって表れたと解釈するのはどうだろうか。

雑煮という権威ある上級のものを、一般大衆の日常食であるスープ並みに扱った、という点もひっかかったと思う。

「スープじゃないだろ、雑煮は」

と言われれば、日本人の大半は、

「んだ、んだ」

と大きく頷《うなず》くはずだ。

だけど「すうぷ」。

これにはもう一つの戦略が感じられる。

もし「カップ雑煮」として売り出すと、正月もの、シーズンもの、ということになって、一月の十日あたりからもう売れなくなる。

スープを呼称しておけば一年中売ることができる。

だけど、よく考えてみると、雑煮はなぜ正月だけのものなのか。

春夏秋冬、いつ食べたっていいじゃないの。

おいしいじゃないの、いつ食べたって。

誰がいけないと言ってるわけ?

そうそう、七草粥にしたってそう。

雑煮の場合は松の内に食べるという日にちの幅があるが、七草粥に至っては七日の当日限り。

誰がそう決めたわけ？　お殿様が決めたわけ？

いつ食べたっていいじゃないの。

ビタミンの配慮だってあるわけだし、むしろ一年中食べたほうがいいんじゃないの、「カップ七草スープ」として。

一月七日以外に七草粥を食べると誰かに怒られるわけ？

いまは民主主義の時代ですよ。

いまどき民主主義なんて、そんなこと言われなくたってわかってるでしょ。

どんどん自由に食べましょうよ、いつでも、どんな食べものでも。

ここでふと気がついたのだが、日本にはこうした「当日限定」とか「時期限定」の食べものがいかに多いことか。

そしてそれを、全国民が意外にきちんと守っていることか。

食の封建主義が意外に守られているのだ。

もうすぐ桃の節句。

そうすると雛あられ。桜餅。

みんなちゃんと食べるんです、雛あられを。桜餅を。

そうして、そのあと、ちゃんと食べないんです、雛あられも桜餅も。

五月になれば五月の節句。

そうするとちゃんと食べるんです、柏餅を。

そのあとちゃんと食べないんです、柏餅は。

十五夜には月見団子。

お彼岸にはおはぎをきちんと食べ、十一月には七五三の千歳飴。

千歳飴なんて、たかが飴なんだから、いつ、誰が食べたっていいはずなのに七五三（主として十一月十五日）限定、しかも子供限定。

おじいさんが桜の咲くころ、

「千歳飴食べたいな」

と言い出してもそれは無理。

でも、いまは民主主義の時代なんだから、おじいさんが桜の咲くころ千歳飴をしゃぶってもいいはずなのに実行する人はいない。

第一、そういう光景をこれまで一度だって見たことがない。

全国民が、こうした食の封建主義をきちんと守っているからなのだ。

雑煮も七草粥も雛あられも柏餅も月見団子もおはぎも千歳飴も、いずれも時期限定、場合によっては年齢限定の商品ということになっているが、このままでいいのか。

安倍首相は一億総活躍社会を目差して奮闘している。

小池都知事も、ダイバーシティとかいうことを言っていて、人材の多様性を生かそう、とかいうことを提案している。

そういう時代の波の中にあって、雑煮やおはぎや月見団子や千歳飴たちは、期日限定の姿勢をこのまま続けていっていいのだろうか。

どう見たって部分活躍であって、総活躍しているとは思えないではないか。

ぼくとしてもこの際、彼らに一年中活躍を望みたい。

そういう意味で考えると、「おもちすうぷ」は、まさに一年中活躍の突破口を開いた先兵ということになるのではないか。

隗《かい》より始めよ、とりあえずネーミングから、まず雛あられは、雛から離れて「カラフルあられ」とか。

金箔を食べると…。

この正月、知人の家を訪問したら金箔入りの酒が出た。

桐箱から取り出した日本酒の四合瓶の中で、金箔がキラキラと揺らめいている。

「ま、おひとつ」

と言いながら知人はぼくの盃にその酒を注《つ》ごうとしている。

こういう場面だと、その金箔について何かひとこと言う、というのが世間の常識というものである。

だが、こういう場面も考えられる。

知人がぼくの盃にその酒を注いでいる。

その時点で、その酒が金箔入りだということはわかる。

なのに、そのことについてぼくはひとことも触れない。

173　金箔を食べると…。

黙って注いでもらう。
黙ってそれを飲む。
黙って盃をテーブルに置く。
知人、黙って四合瓶をテーブルに置く。
まずいでしょ、これは。
これだと途端に二人の間に気まずい空気が流れる。
まかり間違うと、目出たかるべき正月の宴がたちまち険悪な空気になる。
と思ったので、ぼくはとりあえず、
「オッ、金箔ですね」
と言った。
が、そのあとの文句が出てこない。

「有り難い」とか「目出たい」とか「結構なことで」とか、やたらに嬉しがるというのもあとで厄介なことになるおそれがある。

というのは、知人が金箔入りの酒というものをどう思っているのかがまだわからないからである。

「ドーダ！　金箔入りだぞ」

と思っているのか。

「こんな品のない酒を出して申しわけない」

と思っているのか。

「もらいものなので」

とか、苦笑しながら注いでくれれば多少のヒントになるのだが、もともと無口な知人は黙って注いで黙っている。

ここでぼくの本心を言えば、金箔入りの酒はちっとも嬉しくない。

むしろ迷惑。

むしろ心配。

一般的に金箔は人畜無害ということになっているようだが何しろ金属。

重金属なんて言葉もあるわけだし、金属は消化されないから、胃から腸へ、とお腹の中を通過して行って、行き着く先は一箇所しかない。

金属を下水に流してもいいのかどうか。

一応、水道局に問い合わせたほうがいいのかどうか（相手にされないと思うが）。

などと、もうとにかく厄介、とにかく迷惑、と思いつつも、知人が注いでくれている四合瓶の中をつい見つめてしまう。

どのぐらい金箔を入れてあるのか。

ビッシリなのか、チョビッとなのか。

注いでもらった自分の盃の中を見るとたったひとひら。

もっと入れろよ、と思う。

ケチと思う。

もともと金箔は迷惑なはずなのに、もっと入れろよ、なんて思ってしまう。

このあたりが金箔というものの魔力というものなのでしょうか。

酒に限らず、金箔はいろんな食べものに使われている。

高級チョコレートの表面にチラッと。

料亭のおすましの中にユラッと。

立ち食いそば屋には
金箔七味
たぶん置いてないと思う

中華だったらフカヒレの姿煮にピカッと。

金箔が使われる食べものには、金箔にふさわしい階級というか身分がある。

定食屋のタクアンに金箔は似合わないし、立ち飲みの居酒屋のモツ煮込みにも似合わない。

餃子に金箔、も似合わないし焼き鳥にもありえない。

ところが世の中は広いもので、実際にあるのです、餃子に金箔、焼き鳥に金箔が。

「金箔入りラー油」というものがすでに売り出されていて、「金箔入り七味唐辛子」も市販されているのだ。

「ラー油」はラーメン屋のテーブルに置いてあるのと同じような容器で売られているし、「七味」も同様の七味缶。

金箔そのものも「食用金箔」として売られていて、これはリップクリームと同じような形と大きさの容器に入っていて、忘年会などの景品用に使われているという。

テレビの通販だと、ここで、

「さぞかしお高いんでしょうね」

ということになるのだが、これが意外にお高くない。

「金箔入り七味唐辛子」、734円。

「同ラー油」、1620円。

リップクリーム大の容器に入っている金箔そのものは1080円。

「食用金箔業務用」は0・5グラム入りが7560円。

こうなってくると、

「ウチでも使ってみっか」

という人も出てくるにちがいない。

そうなってくると、振りかけて使うだけでなく「付けて食べる」という人も出てくる。

たとえば鯛のお刺身の横に醬油の小皿と金箔の小皿が並んでいて、醬油をチョイと付けたあと金箔もチョイと付けて食べる。

もちろん鼻息に注意しながら食べることになる。

こうなってくると家族の祝い事、たとえばおとーさんの誕生日に、思いきってさっきの業務用を買ってくる。

それをバサバサと丼に入れ、それをおとーさんは箸でかっこむ。

歯も歯茎も唇も顔中金箔だらけになってニカッと笑ったところを写メで撮って親戚中に送る、なんてのはどうかな。

銀杏君臨す

銀杏はいろんな意味で余裕の象徴である。

ということを、居酒屋で銀杏を食べながらつくづく思いました。

いまや食べ物はいくらでもある、どこにでもある、いまさら銀杏なんて食べなくたってわれわれの食生活は十分やっていける、なのに銀杏を食べる、余裕で食べている。

ここから先、この文章を読んでいくとそのことがだんだんわかってくる仕掛けになっています。

銀杏は名前からして浮世離れしていて格調が高い。

何しろ銀。銀の杏。

さつま芋なんか寄せつけない。

ここでさつま芋を引き合いに出して気の毒ではあったが、身分が違う。

きんさん
ぎんさん
ぎんなんさん
特に意味はありません

風采も違う。違い過ぎる。

片や土まみれ、片や翡翠《ひすい》の緑。

いや、さつま芋には本当に気の毒なことをした。忘れてください。

銀杏は料亭のメニューにしばしば登場する。

竹の串でいいのに、わざわざ松の葉一本に三個ほど串刺しにして、魯山人の皿にのっかって登場したりする。

かと思うと、そのへんの居酒屋にも登場する。

このあたりにも銀杏の余裕を感じる。

われわれが居酒屋に行くのは大体夕方である。

夕方は大抵の人の腹が減っている。

だからメニューを見て、その腹に見合ったものから注文を開始する。

まあ、大体、焼き鳥、モツ煮込み、鶏の唐揚げといったあたり。

腹が減っているのに、いきなり分葱《わけぎ》のぬたやモズクを注文する人はいません。

そうやって飲んだり食べたりしていくうちに腹も落ちつき、飲み物もビールから日本酒、焼酎とすすんでいって、でももうちょっと何か食べたい、ということになってメニューを眺める。

ここで銀杏が目に入る。

おっ、銀杏、いいじゃないか、ということになる。

腹満ち酒回ったのち、すなわち腹が功成り名を遂げたあとに、余裕で食べるのが銀杏ということになる。

居酒屋の銀杏は炒ったものが小鉢に殻つきで出されることが多い。

殻つきといっても、殻は熱であちこちヒビ割れていて剝きやすくなっている。

銀杏の殻は灰色をしている。

その灰色の割れ目のところから、丸っこくて鮮やかな緑色の実がのぞいて見える。

銀杏は小鉢の中に六つ。

その六つの割れ目から六つの実がのぞいて見える。

みんな嬉しそうに待ってるんですね、剝いてもらうのを。

こっちもつい、

「待て待て、待ちなさい」

という気になって、

「順番、順番」

とか言いながら剝きにかかる。

全部剝いて出されたらこの手間は要らないわけだが、銀杏の場合はこの手間が楽しい、というほどでもないが、楽しくない、わけでもない。

何しろこっちは腹が名を遂げているわけだから身心ともに余裕がある。

食べ物には〝剝き物〟という分野があって、枝豆、落花生、天津甘栗などがそれに属する。

蟹なんかもいくぶんそれに近いかな。

そうした剝き物属の中で、ぼくは銀杏が一番好きかな。

すぐにパカッと割れるし、すぐ剝《は》がれるし、苦

でも何でもない。

天津甘栗の場合は微妙なところがあった。けっこう苦労するし、時間もかかるし、難航するし、時には全滅して失敗なんてこともあった。

それがのちの「甘栗むいちゃいました」という製品につながっていったのだと思う。

だけど銀杏に限ってはそういうことをしてもらっちゃ困る。

「銀杏むきませんでした」の方針でこれから先もやっていってもらいたいと思う。

剝いてから食べるのと、剝いてあるのをすぐ食べるのとでは味が違う。

「さあ剝き終えました。では」と一粒取り上げて口に入れるわけだが、「では」があるのとないのとの差は大きい。

一粒ずつ剝いて口に入れるたびに「では」は大切だなあ、とつくづく思う。

「では」があったがゆえに、全体の動きに余裕が生まれ、口に入れて嚙む動きもゆっくりになる。

歯と歯の間で銀杏の実がゆっくり歪み、ゆっくりヒビ割れ、ゆっくり潰れていくのをゆっくり味わう。

ゆっくりわかるんですね、その様子のひとつひとつが。

そのあと、ほんの少し、香ばしい木の実の香りが口の中に流れ、ほんの少しねっとりし、ほんの少し木の実の味になる。

栗の実と比べるとその違いがよくわかる。

栗だと大いに甘く、大いにねっとりし、大いに木の実の香りがし、大いに濃厚である。

ほんの少し、というところが銀杏の奥床しさであり、銀杏の余裕を感じさせる。

そんなこんなで、居酒屋のメニューにおける銀杏の地位は高い。

上位に君臨するといってよい。

サラリーマンで言えば役員クラス。

だが油断は禁物。

上には上があるもので、もしそのメニューにカラスミがあった場合、その地位は危うくなる。

サラリーマンに「課長どまり」という言葉があるように「銀杏どまり」とささやかれることになる。

肉の日所感

2月9日は「肉の日」である。

数字の2も9も肉とは全く関係がないのだが、2と9を並べたとたん肉と関係性を持つ。

しかも今年は平成29年。ニクがダブルの本当のニクの日と言える。

2と9は、に、く、と読めるが論理的にはとんでもない話なのだが誰もそうは思わない。

当然の話だと思っているところがヘンなのだが、誰もヘンだと思わないところがヘンだ。

29日も「肉の日」。29日は毎月1回(うるう年以外を除いて)あるので、「肉の日」は毎月あることになる。

　きょうは「肉の日」となると、

「そうか、きょうは肉の日か」

と人々のテンションは上がる。

上がって、

「きょうは肉を食べなくちゃ」

と思う。


　もともと何の根拠もないところから始まっているのにそう思ってしまうところもヘンだ。

「肉の日」ともなるとスーパーには「本日肉の日、大特価」のたれ旗がひるがえり、各地で「肉フェスティバル」や「肉祭り」などのイベントが開催されたりする。


　11月29日に至っては「いい肉の日」ということになって、更に人々の心を煽《あお》り立てる。

何の根拠もないのに、人々は、そうか、きょうは「いい肉の日」なんだ、と思い込んで、きょうはいい肉を食べなくちゃ、といい肉を買いに肉屋に駆けつける。

肉にはどういうわけか、人の心を浮き立たせるものがあるらしい。

「肉の日」があるなら「野菜の日」というのもあるはず、と思って調べたら「野菜の日」、ちゃんとあります。

8月31日。

全国青果物商業協同組合連合会をはじめとした9団体が昭和58年に制定しました。

と言われても、誰も「肉の日」ほどテンション上がりませんよね。

「野菜の日」だからといって、いい大根買いに行こうと、八百屋に駆けつけたりしません。

やっぱり肉の実力、肉のなせる業、肉なればこその「肉の日」。

ぼくは一度、都内の駒沢公園で行われた「肉フェス」に行ったことがあるが、そこでの人々の興奮ぶりは目を見張るものがあった。

駒沢公園は駒沢大学駅から歩いて15分ほどのところにあるのだが、日曜日のせいもあって、駅から公園まで家族づれの列の切れ目がない。

公園内でどういうことが行われているかというと、公園内は肉の店だらけ。焼き肉、ステーキ、モツ、カツ丼、あらゆる肉関係の店が何十店と並んでいて、肉そのものを塊で売っている店もある。

どの家族も駅の改札口を出るところからすでに興奮していて、会場の公園までの歩く速度が異常に速く、公園に近づくにつれて更に速くなり、公園から焼き肉の匂いが流れてくるあたりになると、いつのまにか全員駆け足になっているのだった。

肉の引力、人を引きつける力が肉にはある。

肉への憧れ、肉への思慕、というものもあるような気がする。

え？　何だって？　思慕？　何だそりゃ、と言うかもしれませんが、あります思慕。

ぼくに限らず誰にもあります。

あの、ホラ、大豆のことを「畑のお肉」と言ったりしますよね。

大豆は確かに高タンパクで栄養も豊富、大豆は大豆で立派に通用する。

そのことはみんなも認めているのだから「畑のタンパク質」でいいはずじゃないですか。

それをわざわざ肉に置き換えるというのは、肉

のほうが大豆より上位にあるという前提になっているということになる。

豆である大豆を何とかして肉のほうへ持っていこうとする心根、それはすなわち肉への願望、憧れ、思慕にほかなりません。

ブランド牛なんて、一種のスターなんじゃないかな。

憧れの対象としての松阪牛、米沢牛、但馬牛、神戸牛……。

肉界のスター達。

松阪牛のA5ランクあたりになるとスターの中の大スター。

憧れの君、麗しのあなた……なのだから、牛君。ヨダレなんかたらしたりしてはいけませんよ。

せっかくこうして、われらファンの憧れの対象なのに、当人たちにその自覚がないのが惜しまれる。

だいたい彼らは、自分が住んでいる地名を知っているのだろうか。

多分、知らないと思う。

だから自覚が生まれないのだと思う。

こうした名牛達は、毎日タワシで撫でさすられ、時にはビールを飲ませて育てられているという。

そういう時に、撫でさすりつつ地図を見せ、住んでいるのはこのあたりだよ、と指さして教えれば、だんだん名牛としての自覚が生まれてくるのではないか。

毎日毎日のことであるから、そのうちだんだんとその気になっていくのではないか。

牛の飼育の工程の中に、言いきかせる、語りきかせる、という部分を取り入れる必要があるような気がするのだがどうだろうか。

相撲の横綱には、実力以外に品格、風格も要求される。

ブランド牛のA5クラスはまさに牛界の横綱である。

A5クラスと認められた牛には、そのことを報告したほうがいいのではないか。

ちゃんと使者を派遣して、

「このたび満場一致にてA5クラスに推挙されたことをご報告します。おめでとうございます」

と。

ン？　チョコ焼きそば？

「ことしのバレンタインデーは、三年ぶりの平日なので、女性が上司や同僚らに配る義理チョコの需要が高まり、ことしの市場規模は前年比３％増の約１３８５億円と過去最大となるはず、と日本記念日協会が試算した」

というふうな記事が新聞に載っていた。

この記事を読んでぼくが注目したのは１３８５億円という金額ではなく、「日本記念日協会」。

あったんですね、こういう協会が。

一般社団法人日本記念日協会は、日本の記念日の認定と登録を行っている民間団体で、設立は１９９１年。

主な活動内容は、企業、団体、個人などによってすでに制定されている記念日、新し

く制定された記念日の認定と登録を行う。

行ってたんですね、認定と登録を。

と、改めて感心したところで、ここから先に書くことは、この協会とはあまり関係がないので、とりあえずこのことは忘れてください。

ぼくに関して言えば、バレンタインデーという日と縁が切れてからもう何十年という月日が流れている。

だから、1385億円の中の一円たりともぼくは関与してないということになる。

関与したいのだがどうしても

関与できないのだ。

バレンタインデーと言えばチョコレート。

義理チョコ、本命チョコ、友チョコ、マイチョコ、最近は俺チョコというのもあるらしい。

チョコレートさえ絡《から》ませれば、どんな商品でもバレンタインデーのギフト商品になる。

様々な会社が、考えつくかぎりの商品にチョコレートを絡ませてきた。

クッキー、ケーキ、和菓子、カステラ、ドーナツ、タルト、パン、センベイ……。

何とかして便乗したい、関係したい、まといつきたい、つけこみたい、あやかりたい、蚊帳《かや》つりたい（古いナ）……。

まさか、いくら何でも、これぱっかりは無理だろうと思われるメーカーも恥も外聞もなく絡みついた。

焼きそばです。

焼きそばにチョコレートを絡ませた。

焼きそばと言えばプーンと匂い立つソースの匂いとソースの味。

あのソース充満の味の中へチョコレートを絡みつかせる。

無理が通れば道理引っこむ。

はたして道理は引っこんだのか。

まるか食品から「ペヤング　チョコレートやきそば　ギリ」が、明星食品から「一平ちゃん夜店の焼そば・謎チョコキューブ入りチョコソース」が発売された。

ここまで読んで、読者諸賢の眉と眉の間に2本のたてジワが寄ったのではないでしょうか。

ありえない、許せん。

誰が考えたって成り立つはずがない、旨いはずがない、と怒って席を立ってしまっては本文は成り立ちません。

ぼくの商売も成り立ちません。世間の評判は、「激マズ」とか「超マズ」「激怒」などの過激な発言ばかり。

ところがネットを見ると、ペヤングチョコ焼きそばが「１０７ｇ×18個３２３６円」とも出ている。

「激マズ」で食べられなかったら、18個をどうするつもりなのか。

ということは、ほどほどに旨い、という「ほど旨」の人もいるということなのかもしれない。

「ペヤング」のほうを買ってきました。

ふつうの「ペヤング」と同じ大きさの弁当箱タイプ。

フタのところに「ペヤングやきそば、チョコレート、とろ～りＳｗｅｅｔ、ギリ」などの文字が見える。

指示どおり、ソースとかやくの小袋を取り出し、熱湯を注ぎ、３分待って湯を捨て、ソースとかやくを混ぜる。

小袋のソースの中にチョコレートの成分が混ぜてある。

では、いよいよ食べてみます。

食べてみて、まずかったら、はっきりまずい、と正直に報告するつもりです。

曖昧なことを言ってお茶を濁すつもりは毛頭ありません。

ペヤングのチョコ焼きそばの箱から、今、さかんに湯気が上がっています。

掻き混ぜます。

おー、立ち昇るチョコレートの匂い。

そのわりにソースの匂いが少ない。

モサモサ、モサモサ、今、嚙んでます。

あのですね、焼きそばといったら濃厚な味ですよね。

それが薄味。

チョコの味もソースの味も薄味。

大ざっぱに言うと甘じょっぱい焼きそば。

みたらし団子というものがありますね、あれにちょっと近い味で、みたらし団子にかける餡《あん》は砂糖の甘さだが、あの砂糖をチョコレートに代えたような味。

みたらし焼きそば、という表現をしてもいいかな、というような味。

ソースとチョコの双方が互いに強く主張しない、がっぷり四つに組むことなく、互譲の精神で歩み寄ったというような味。

結論。

特においしくもないが、特にまずくもない。

「そうくるだろうと思った」

という読者諸賢の冷笑が目に浮かぶ。

だけど、もし「特においしくもないが特にまずくもない」が、まっこと嘘偽りのないまっ正直な発言だとしたら、冷笑は失礼ぞな、もし。

問題あるぞ恵方巻

ことしも節分がやってきて、節分といえば恵方巻、ということで、コンビニでは恵方巻が山積みになって店頭販売されていて、店員が深夜まで「いかがスかー」と声をからすという風景がおなじみになっているが、これってヘンだと思いませんか。

だって節分といえば豆撒きが本筋じゃないですか。

そっちの本筋を差しおいて新興の恵方巻が幅を利かしている。

恵方巻ってもともとがヘン。

そもそもが突然だったですよね。

突然、セブン-イレブンが恵方巻ということを言い出し、恵方巻ってナンダナンダとみんながオロオロしているのをいいことにしつこく言い続けていつのまにか定着させて早くも十数年。

年々どんどん盛況になっていったのだが、ことしになってちょっと様子がおかしくなって様々な問題が出てきた。

いわく、売れ残りの大量廃棄問題、いわく、コンビニ店員への強制割り当て問題……。

コンビニの商魂に踊らされていた民衆にも不審の目が芽生え始めてきた。

恵方巻って、その趣旨にムリがあるのではないか。

要項が厳し過ぎるのではないか。

恵方巻の要項その1に「恵方巻一本を丸かじりする」というのがある。これは「太巻一本をいっぺんに食べ切る」ということであるが、太巻一本はかなりボリュームがあるから、それだけでもうお腹イッパイ。

恵方巻一本は食事一回分。

食事は楽しく、というのが基本であるから、たとえばOLが「恵方巻女子会を」とか、ママ友たちが「恵方巻をいっしょに食べましょうよ」ということになりがちだが、それはいけません。

「恵方巻は一人で」という要項があるという。

恵方巻一本を食べ切るにはどうしたって十五分はかかると思うが、家庭の主婦だったらその間に宅配便が来たりすることもあるはずで、その場合、くわえたまま応対することになるのか。

「丸ごと一本をいっぺんに」ということだが、あいまあいまにお茶を飲んだりしてもいいのか、お新香とか味噌汁はどうなのか。塩ジャケもあるぞ。

「恵方巻を食べながら願い事を念ずる」という要項もあるが、途中でスマホを見て「あさってから出張だな」などと思うのはいいのか、いけないのか。

「恵方に向かって」というのもあるが、ことしの恵方は北北西と言われて、エート、こうかな、と、そっちを向いたつもりが北北東だった場合、願い事はペケになるのか、ならないのか、あるいは罰《ばち》が当たるのか、当たらないのか。

サラリーマンやＯＬだったら、朝から恵方巻というわけにはいかないし、昼食にもムリだし、結局、帰宅途中に買って帰って食べることになるわけだが、夜の九時過ぎ、一人で黙って恵方を向いてモクモクと食べるというのもなんだかなー。

家族の場合は一人一人、各人が各部屋に散ってモクモクと食べるのだろうか、これもなんだかなー。

節分の当日、夕食を済ませちゃったので、買って帰って翌日食べる、というのもなんだかなー。

つまり、いろんなムリが重なっているんですね、恵方巻は。

新しい習慣で日本に定着した行事はいくつかある。

クリスマスがそう。完全に定着した。

バレンタインもそう。殷賑《いんしん》を極めている。

ハロウィーンは新参ながらかなり健闘している。

恵方巻の今後はどうなるのか。

クリスマスもバレンタインもハロウィーンも、それぞれの〝現場〟があって、誰もがその現場にいることができる。

クリスマスは「ケーキを囲んで」。

バレンタインはチョコを交換し合って。

ハロウィーンは大勢でワイワイ。

日本の行事にはその中心となる現場があって、その現場にいたり、したりすることによってその行事が盛り上がる。

夏祭りの「御輿《みこし》でワッショイ」がその典型といえる。

恵方巻はこれができない。

太巻はいつでも食べられるし、いつでもおいしい。

節分にかぎらず「太巻の日」をどんどん新設してはどうか。

たとえば早速三月雛祭り。

もともと雛祭りにはちらし寿司が付きものだったから「雛巻」。

ただし、これは一切のシバリなし。切って食べてもいいし、みんなで♪灯りをつけましょボンボリにー、と歌いながら食べてもよい。

お彼岸には「彼岸巻」、花見には「花見巻」、七夕には「七夕巻」、お月見には「月見巻」……。

恵方巻にいろいろムリがあって、この先、売り上げが困難になったとしても、コンビニの活路はまだまだいくらでもある。

コンビニ業界は、多分、すでに恵方巻大量生産機械設備を全国の各工場に設置していると思うが、これらは決して無駄にはならないから大丈夫。

何が大丈夫なのかというと、節分の恵方巻を止《や》めても大丈夫。

登山家の三浦雄一郎氏は「たとえ山が目の前にあっても止める勇気が必要」と説《と》いている。

どこかのコンビニが勇気をもって来年、貼り紙を出してほしい。

「恵方巻やめました」と。

鯛焼きは倒錯の世界である

今更こんなことを考えても、何の役にも立たないことなのだが、鯛焼きってありますね、これをどう思いながら食べたらよいのか、ということを考えてしまいました。

みなさんは鯛焼きをどう思いながら食べていますか。

鯛焼きは今川焼きの一種です。

共に、小麦粉を主体にした皮でアンコを包み、型に入れて焼いたもの。

一方は円型、もう一方は鯛の形。

それだけの違いなのに、食べるときの思いが違う。

まるっきり違う、と言ってもよい。

鯛焼きのほうは、「鯛である」ということがまず頭の中に刻まれる。

見た目が鯛なので、「今川焼きである」という思いより「鯛である」という思いのほ

うが強い。

　鯛焼きの中には、頭はいかにも頭らしく、しっぽはしっぽらしく、精緻を極めたものもあり、作る側はなるべく本物に似せようとしているし、見るほうもそう思おうとしているので、双方の思惑は一致する。

　このことが、やがて鯛焼きを食べる人の心を乱し、思い込みを激しくさせ、本人が気づかぬうちに倒錯の世界へと導かれていくことになる。

　エ？　何だって？　鯛焼きで倒錯の世界へ？　と、いぶかる人もいると思うが、ま、落ちつきなさい、ちゃんとそのことを、これから納得させてみせますから。

鯛焼きを食べるとき、

「いきなり頭からかじるのはナンだから、とりあえずしっぽから」

と言って最初のひとかじりはしっぽから、という人は多い。

ホラみなさい、すでに倒錯が始まっているじゃありませんか。

「頭から」と言ってるそこは頭ではありません。

「しっぽから」

と言ってるそこもしっぽではありません。

冷静に考えればバカでもすぐにわかることじゃないですか。

「ナンだから」と言ってる「ナン」は、「申しわけない」とか「失礼だから」という意味だと思うが、小麦粉の皮とアンコに「申しわけない」などと思うのは、もはや正気を失っているとしか思えない。

だが正気を失って、今川焼きを鯛そのものだと思い込んで食べたほうがおいしいし、楽しいのは確かだ。

よくいますよね、鯛焼きを、頭もしっぽもなく、その姿をよく見ることもなくいきなりパクッてかじる人。

だから、鯛だと思い込みながら食べるのはよいことなのだが、その加減がむずかしい。

鯛焼きの一派に人形焼きというのがある。

胴体がなくて顔だけというのもある。

鯛焼きのときでさえ「いきなり頭からというのはナンだから」と言ってた人にとっては一大事。

浅草の人形焼きは七福神の顔というのが有名で、七福神と言えば神様、神様と言えば拝んだりする有り難い存在である。

その神様を、しかも神様の顔をかじるなんて、そんな罰《ばち》当たりなことを、と思ったりすると食べられないことになるので結局は顔をかじることになるのだが、その場合も、最初のひとかじりは頭のてっぺんのほうは避ける。

てっぺんを避けてアゴのあたりからかじり始める。
てっぺんもアゴもそれほど大差はないのだが、どうしてもそういうことになる。
申しわけない、という気持ちがアゴに向かう、ということなのだろうか。
人形焼きにはいろんな種類があって、中にはお地蔵さんの形をしたものもある。

これはもちろん全身像になる。

ということになると、またしても「頭からかじっていいのか問題」が発生する。

「鯛焼きはしっぽから」「浅草の人形焼きはアゴから」の慣例に従えば、当然お地蔵さんの「下半身から」ということになる。

いかにお地蔵さんといえども下半身は下半身であるから、どうにもこうにも、しきりに畏れ多いし、しきりに恥ずかしいし、しきりに照れる。

どうもなんだか、どうにもこうにも、しきりに照れる。

ここが問題です。

なぜしきりに照れるのか。

そこんところは小麦粉の皮とアンコでしょうが。

小麦粉の皮とアンコを前にしてしきりに照れているというのは、まさに倒錯の世界に溺れている姿そのものではありませんか。

それにしても、今川焼きを魚（鯛）の形にしたら面白いのではないか、という発想はよくわかる。

食べるほうもそれを面白がって食べる。

「ここはしっぽの形をしているからしっぽだよね」

と思い込む。

「このウロコの付けぐあい、まるで本物そっくりじゃないか」

と感心する。

感心して思い込むからこそ、食べるときの逡巡があり、遅疑があり、ときどきハッとして我に返って本物との違いにとまどったりする。

鯛焼きに似たものに鮎焼きというものもある。

ちゃんと鮎をかたどっていて、ちゃんと頭としっぽもある。

これを食べるときも、やはり頭からか、しっぽからか迷う。

一方、本物の鮎を焼いた鮎の塩焼きもある。

「そいつは頭からやっちゃってください」

と言われると何の迷いもなく頭からやっちゃう。

本物では迷わず。

わが敵アルデンテ

知っていますか、リーマンパスタ。

リーマンというのは、サラリーマンのサラを略してリーマン。

つまりサラリーマン愛用のパスタ。

リーマンという言い方にはやや差別的な意味があり、女子高生などには、

「A子のカレ、リーマンだってよ」

「ゲ！」

というふうに使われており、そのリーマンに好まれているパスタであるから当然値段も安くて、ワンコインから1000円まで。

いま、このリーマンパスタがサラリーマンの本場、新橋、有楽町あたりで大流行《はやり》だという。

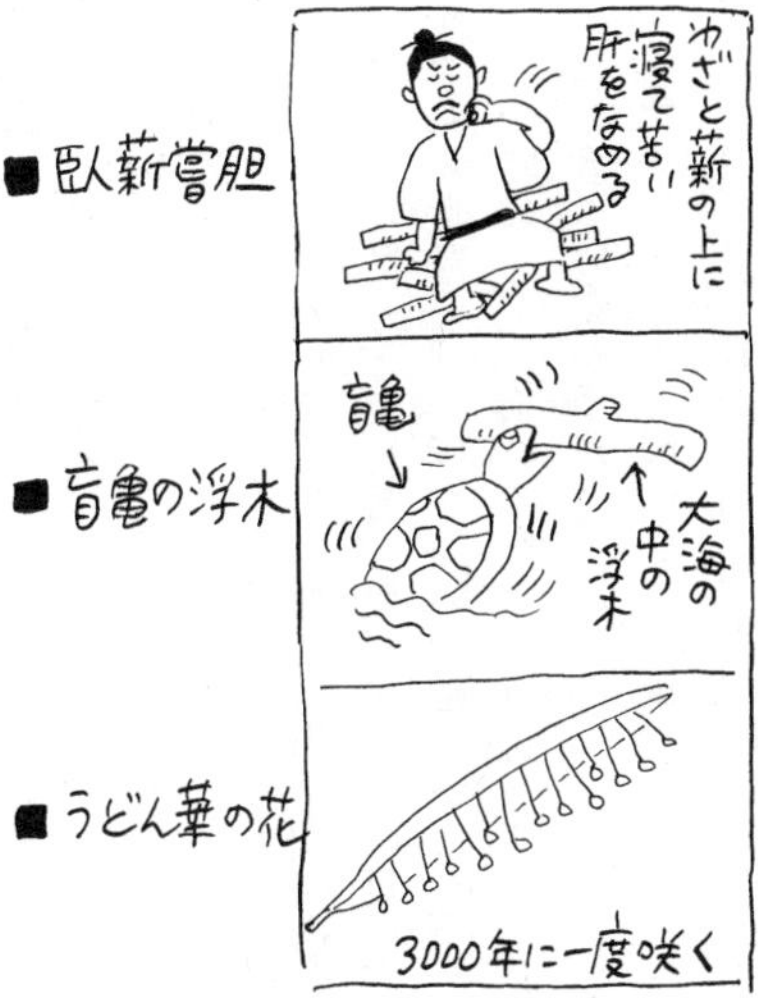
■臥薪嘗胆
わざと薪の上に寝て苦い肝をなめる
■盲亀の浮木
盲亀
大海の中の浮木
■うどん華の花
3000年に一度咲く

昼食どきは長蛇の列だという。

リーマンパスタは値段が安いだけではない。

もっともっと大きな特徴がある。

それは日本のずっとずっと昔のスタイルのスパゲティである、という点だ。

ずっとずっと昔のスパゲティとはどういうものか。

まずノンアルデンテということである。

いったん茹《ゆ》でておいた麺を、客に提供するときにフライパンで炒めて出す。

茹で置き麺を使う立ち食いそば屋方式をフライパンでやるわ

けだから、アルデンテなど望むべくもない。

この方式のスパゲティが、いまリーマンに大受けになっているのだ。

この話題はぼくにも受けた。

わが敵（理由は後述）アルデンテが無視されているというところが受けた。

ぼくのスパゲティ史をたどると、それはまさにこのノンアルデンテから始まっている。

そのころのぼくは学生で、アルデンテなどという言葉はこの世のどこにも存在しなかった。

そのころのスパゲティは、軽食も出す喫茶店とか、町の洋食屋で食べるものだった。

「イタリアン」などという言葉もまたこの世に存在しなかった。

少なくともぼくは一度も聞いたことがなかった。

その当時は、フォークでグルグル巻いて食べる食べ方を実行している人は、ぼくの周辺には一人もいなかった。

箸やフォークでグルグルなしのうどん食い、それを非難の目で見る人はいなかった。

それから時は流れた。街の姿も変わったし、人の姿も変わった。

バブルの時代がやってきた。

ぼくはすっかりオジサンになっていた。

フレンチという言葉といっしょにイタリアンという言葉も耳にするようになった。

スパゲティはパスタの一種である、というのもこのあたりで知った。

スパゲティの周辺は大変貌をとげていたのを、軽食喫茶育ちのオジサンたちは知らなかった。

このへんからオジサンたちの〝スパゲティにおける受難〟の時代に入っていくのである。

オジサンといえどもイタリアンに行く時代になっていた。

食べ歩きのグループ、などというものにも参加するようになる。

　オジサン2名、若い人4名とグループでイタリアンに行ったときに悲劇は起きた。

オジサン2名はアルデンテなるものを知らない。

オジサンA（ぼく）「このスパゲティいやに硬いな」

「芯がある」

「生《ナマ》じゃないの、これ。厨房でもう一茹でしてもらおうよ」

　このとき他の4名がいっせいに目を伏せたのをオジサンは知らなかった。

それ以後、オジサン２名はそのグループに呼ばれることはなかった。
それから時は流れた。
それ以後30年、オジサン２名は忍従の30年を過ごした。
屈辱の30年でもあった。
アルデンテにどうしても馴染むことができなかったのだ。
アルデンテはどう考えても生《ナマ》であった。芯であった。
もう一茹でを厨房に命ずべきものであった。
だが、自分にとっての真実を申し述べることができなかった。
若い人が、
「オッ、このアルデンテ、まさにアルデンテ。麺の中心に髪の一本ほどの芯」
と感嘆すると、
「まさにそのとおり！」
と言いつつ顔はひきつるのであった。
苦節30年。
ああ、ついにリーマンパスタが登場したのだ。

ノンアルデンテが評価される時代がやってきたのだ。

そのことは、リーマンパスタの店の前にリーマンが並んでいる、という事実で立派に証明されている。

並べ、リーマン、力強く、雄々しく、逞しく、並んでスパゲティの真実を叫べ、ぼくは狂喜した。

真実は勝つ、心配ないからね、最後に愛は勝つ、それでも地球は回る、ガリレオ・ガリレイもそう言った、エート、巌窟王のエドモン・ダンテスもそんなようなことを言ってなかったっけ、と、何しろ狂喜しているので言ってることがヘンになっているが、本人の心情をご理解いただいてご了承ください。

思い返せば虐《しいた》げられ、蔑《さげす》まれ、嘲《あざけ》られ、それに耐えぬいたこの風雪。

いまこそ臥薪嘗胆《がしんしょうたん》、盲亀《もうき》の浮木《ふぼく》、うどん華《げ》の花。

もともとリーマンパスタのリーマンは、リーマンショックのリーマンとは何の関係もないのだが、「安いものに群がる」という点では少しは関係あるのかな。

ラップの慚愧

日本は包装の文化に秀でた国といわれている。

いわゆる包装ということに対して、他の国にはない独得の美意識を持っている。

よくいわれるのは、日本のデパートの店員の、商品を包装紙で包むときの手際のよさ、素早さ、出来上がりの美しさである。

風呂敷の文化というものもあった。どう考えても包むのがむずかしい2本の一升瓶を、風呂敷できっちり運びやすく包んで結びつけ、しかもそれが見た目も美しく、という技術を伝授する人もいたりした。結び目の文化、というものもあった。祝い事の品を結ぶ紅白の水引の結び方、不祝儀の場合など、様々な決まりがあり、それぞれの美しさがあった。

風呂敷全盛の時代があった。

　泥棒でさえ大荷物を大風呂敷に包んで担《かつ》いで走り、それを警官が「待てー」と叫びながら追いかけるという風物詩もあった。

　そうした包むということに美意識を持つ国にラップがやってきた。

　ラップというのは「サランラップ」とか「クレラップ」とかの、食品などを包む透明なプラスチックフィルムのことである。

　これがやってきたとたん、日本の包装文化は壊れた。

　ラップには結び目がない。

　ただ被《かぶ》せてピッと切るだけ。

　美意識も何もあったものではない。ただし、便利という点ではこれ以上のものはない。

「日本の台所史」というものを書くとなると、当然のように「ラップ以前史」と「ラップ以後史」に分類することができる。

ラップの一番多い使い方は、食べ残りが入った食器の上に、ピッと張ってピリッと切ってフタとし、冷蔵庫にしまうという使い方だと思う。食事は毎日毎日行われる。食べ残りの〝ラップ物〟は日に日に増えていく。

やがて冷蔵庫の中は、こうしたラップ物がアルプスの山麓のテント村状態になっていき、テント村は日に日に増大していく。

主婦としては、このテント村を見るのがツライ。

最近、「断捨離」ということがしきりに叫ばれているが、事の発端はこの冷蔵庫内のテント村にあるのではないか、と、ぼくは睨んでいる。

「捨離」の不決断がすなわちテント村である。

「食べ残りにはラップ」という習性が主婦には身についている。

この「ラップした食べ物」は後日、再び、必ず、食卓に登場する。

再登場したとき、必ずこのラップを剝がすことになる。

再度剝がすときの気持ちは決して健全なものではない。

必ず慚愧《ざんき》を伴う。

再々度という場合もある。

ホーレン草のおひたしを大量につくってしまったときなどは、再度だけでは食べきれず、またしてもラップして冷蔵庫行きとなる。

そういうときは、ラップを全部剝がさず、しかるべき大きさの穴をつくり、その穴に箸を突っこんでホーレン草をほじり食いすることになる。

この〝ほじり食い〟のときは更に大きい慚愧を伴う。

つまりわれわれは、ラップによって便利を獲得した代わりに慚愧を与えられたのだ。

テント村を与えられたのだ。

われわれはここで初めて、ラップの効能とその不利に気がつくことになる。

それにしてもわれわれは、ふだん、あまりにもラップをぞんざいに扱っていると思いませんか。

ラップを尊敬しろ、とまでは言わないが、あまりにもないがしろにしていると思いませんか。

最初から使い捨てのつもり。

これほど便利なものはない、と思ってるのに、感謝の気持ちはこれっぽっちもない。

使い終わったラップは穢《けが》らわしいもの扱い。

ラップはどの製品もキチッとした箱の中に、キチッとした芯にキチッと巻かれて入っていて、なんだかピカピカ輝いてるし身なりも整っていて、これからなすべき役務を果たす希望に輝いているように見える。

出前のラーメンを例にとってみよう。

出前のラーメンはラップによってピッチリとフタをされている。

ラーメンとラップは
ナーンカ 似合わない
出前のラーメン

丼の周りを手で確かめても、そこに湿り気は感じられない。

見ればラップの内側には蒸気による水滴がビッシリと覆っている。

一滴のシルもこぼさじ、というラップの意気を感じ、さすがラップ、と頼母《たのも》しくさえある。

ラップの意志そのもののような張りつめて光る表面。

業務に励んでいるラップ、自信に満ちあふれているラップ。

ところが……。

これをいったんビリッと破るとどうなるか。

破ってハシのところをつまんで持ち上げるとどうなるか。

とたんにしぼみ、うちしおれ、しなだれ、濡れそぼり、ヘニャ化し、見る影もない哀れな姿となり、あまつさえシルなどしたたらせ、こうなると人間というものは邪慳《じやけん》なもので、ついさっきまでの態度と打って変わって急に汚らしいもの扱いとなる。

指先でつまんで流しの生ゴミ入れのところに駆けよって捨て、急いで水道で手を洗って厄介物の処理が済んだという顔つきになる。

ラップの出現以来、日本人はどうもいまだにラップとの正しい交《つ》き合い方を身につけていないようだ。

日本人は忖度疲れ

このところ「忖度《そんたく》」という言葉がにわかに浮上してきた。

連日、テレビでも週刊誌でも新聞でも、忖度が画面に誌面に紙上に躍っている。

例の「森友学園問題」、この一件はまさに忖度で発生し、忖度で発展し、忖度で混迷している。

われわれはこれまで忖度という言葉にあまり馴染みがなく、めったに使うこともなかった。

何か事件があると、とりあえず犯人が取り沙汰され、マスコミが近隣の人に、

「どんな人だったんですか」

と訊いてまわる。

忖度さんは辞書という大団地に住んでいるので、近所の人に訊いてまわることになる。

「二人とも物静かな方で、訪ねてくる人も少なくてひっそり暮らしていらしたという印象ですけど」

　ということになり、お二人ということは忖さんと度さんということになり、

「ご夫婦、ということですか」

「さあ、同棲かもしれませんけど」

　と、そのへんは曖昧だが、目立たない存在だったことは確かだ。

　それなのにここへきての大浮上。

　忖度の意味は、どの辞書を見ても「（相手の）気持ちをおし

はかる」というようなことが書いてあるから、言ってみれば醇風美俗《じゅんぷうびぞく》。

日本人はこの醇風美俗を大変好む。

日本人の心には忖度の美俗が深く根づいている。

日本人の心を魅了してやまないあの「忠臣蔵」、あれだって全体が忖度でできている。

吉良氏にさんざん苛《いじ》められた浅野氏の堪忍袋の緒が切れて刃傷事件になり、浅野氏は切腹を命じられる。

浅野氏は当然吉良氏に恨み骨髄。

「風さそう花よりもなお我はまた春の名残を如何にとかせん」

という歌を忠臣の大石氏に託した。

「仇をとってくれ」とは言ってないのだが、大石氏は歌の中の「如何にとかせん」を付度した。

テレビでも映画でも、手紙のそこの部分を読んで主君の気持ちを忖度する場面を物語の山場としている。

このように、忖度は日本人にとって美俗である。善意である。

善意は善人から生まれる。

善人は文字どおり人が善い。

安倍首相夫人は善意の人であった。そこのところをつけこまれた。

政界の周辺は魑魅魍魎《ちみもうりよう》だらけである。

字を見ればわかるが鬼だらけである。

魑魅が善意の人の善意につけこみ、役人がその善意の人を忖度し、役人としては忖度しなければならない事情があって忖度したわけで、つまり夫人の夫を忖度し、中枢の役人が忖度したからにはその下の周辺も忖度しないわけにはいかず、忖度が忖度を生んでこんがらがって動きがとれない、というのが現在の「森友学園事件」の真相なのではないか。

うむ、そのとおり、政治の連中は忖度という美俗さえ悪《あく》の方向へ持っていく、何て奴らだ、と憤《いきどお》っているあなた、あなただってやってるんですよ、同じようなことを。

焼き肉でやってる。焼き肉で「森友学園」をやってる。しかも時には籠池さんの役をやったりする。

五人で焼き肉の店に行って五人前の焼き肉を注文する。

材料の皿には牛肉のほかに、玉ネギ、ピーマン、

椎茸などが並べられているが、正直な話、牛肉以外のこれらのものはどうでもいいもの、として考える。

　これらのものは、正直な話、こういう席で食べなくてもいつでもどこでもいくらでも食べられるものであるから眼中にはない。

　問題は肉。肉だけ。

　肉は、皿の上に並べてある枚数を数えれば一目瞭然、一人四切れ半。

　この〝半〟のところで様々なことが起こる。

　駆け引きが駆けめぐり、思惑が入り乱れ、忖度が飛び交う。

　できることなら、半を一切れに持っていきたい。

　意外にむずかしい問題なので、この問題はあとまわしにして、一切れの肉の大小の問題。

　肉片にはかなりの大小がある。

　できることなら大きいのばかり取って食べたい。でも大きいのばかり取っていると、そのことをじっと監視していて気づく人もいるかもしれない。

　気づかれて、

「あいつはさもしい奴だ」

と思われたくない。

枚数にしてもそうだ。

一人四切れ半ということはわかっているのだが、誰か、

「あいつはいま四切れ目だ」

と数えている人がいるわけではないから、一切れぐらいはごまかせるかもしれない。

でも、もし、いたら……。

こういうのも忖度といえるのかどうかわからないが、「（相手の）気持ちをおしはかる」という意味ではまさに「おしはかっている現場」にいることになる。

そういうことをクヨクヨ考えてばかりいる人のなかで、そういうことを一切考えない人もいる。

そういう人を日本では、ＫＹと呼ぶ。

空気を読めない人を日本人は一番嫌う。

こうした焼き肉における忖度問題的状況は他にもいくらでもある。

居酒屋でみんなで取った焼き鳥が最後に一本だけ残った場合、カツサンドの場合もそうだし、ケンタッキーの大箱の部位の場合もそうだし……。

日本人は忖度疲れでみんなヘトヘト。

解　説　人間の小ささを許される気がする

柄本佑

忘れもしない「快感！　思考停止の食事」（『伊勢エビの丸かじり』収録）という一篇が、ぼくが最初に読んだ「丸かじり」でした。カアちゃんから勧められたのがきっかけです。

暑くて思考、食欲ともに停止してしまった東海林さんが、義務感にかられて昼めしを食べに出かける。頭が働かずボーっとしているうちに、ボクシングのセコンドのような人が背後についてくれて、メニュー決めから（アジフライ定食に決定！）、食べ方から（まずソースをフライにかけろ。そうだ、ジャブジャブかけろ！）、休憩のタイミングから（ここで楊枝だ！）なにもかも指示してくれたら……という妄想話です。これが衝撃的に面白くて、吐いちゃうんじゃないかと思うくらい笑ったことを覚えています。

当時のぼくは一七、八歳。そこから一気にハマって、五冊単位くらいで丸かじりを買い込んでは読み漁り、買い込んでは読み漁りしているうちに、丸かじりシリーズ以外の著作も含めて、気づけば本棚には東海林さんの文庫が百冊ほど並んでいました。

ぼくは東海林さんがちっちゃい話をするところが好きなんです。今回の『バナナの丸かじり』から、たとえば「日本人は忖度疲れ」の回。

五人で焼き肉を食べに行き、牛肉の割り当てはひとり四切半。この「半」をめぐって駆け引きが駆けめぐり、思惑が入り乱れ、忖度が飛び交う。そして「さもしい奴だ」と思われたくはないが、できることなら「半」を一切れに持っていきたいという思いとの間で、心は千々に乱れます。

「あいつはいま四切れ目だ」

と数えている人がいるわけではないから、一切れぐらいはごまかせるかもしれない。

でも、もし、いたら……。

こういう或る種の人間の小ささみたいなものがシリアスにならずにユーモアをもって描かれることで、読み手側はじぶんにも心当たりのある小ささを許される気がするんじゃないかなって思うんです。だから東海林さんの文章はいつ読んでも疲れないし、もっと読みたいなっていう気持ちがわいてくるのではないだろうかと。

かつて、二十世紀最高のダンサーと言われたフレッド・アステアという人がいました。アステアの映画を観ていると「なんだよ、タップダンスなんてめっちゃ簡単そうじゃん。ちょっとマネしてみようかな」という気になるのですが、いざ映画を観終わってやってみると手も足も出ない。

東海林さんの文章も同じです。表面上は軽くて洒脱で、一瞬、誰でも書けるんじゃないかと思わせるような近しさがある。けれど絶対にムリ。そんな風に読み手に「俺でも書けるんじゃないか」って思わせることは、実は究極的にすごいことです。

お芝居に関してもそうですが、今の世の中では割と、「圧倒される表現」というものがヨシとされる風潮にあるような気がします。そんな中にあって東海林さんの文章は、いかに「圧倒させない表現」で居続けるかということが大事にされているのではないかとニラんでいます。ぼくにとってはその点こそが、東海林さんの文章のもつ魅力であり、粋なところだなと感じられるんです。

おそらく東海林さんは大変な恥ずかしがりやでいらっしゃるのではないかと想像しているのですが、そのシャイさが生み出しているのであろう文章のつやっぽさに強く惹かれます。そして七割くらいの力で書い（ているように見せかけ）て、残りの三割は読み手が好きに想像力を働かせることができる逃げ道のようなものをつくってくれているように思います。

「水分を小まめに」の回も、東海林さんらしさが炸裂しています。

「熱中症の予防のために小まめに水分を取りましょう」という極めて一般的なフレーズに対し、お得意のネチネチとした持論が展開されることになります。「小まめに」という言葉に対し、「セカセカした感じがするし、コセコセした感じもあるし、小賢しい感じもする」と、嗅ぎ取った小物感をあらゆるオノマトペを駆使して書きあらわす東海林さん。さらに「小まめに水分を取れ」のあとには「ノドが渇く前に飲め」と続き、「ノドが渇いた、と自覚したときに飲んだのではもう遅い」と言われると、一層ネチネチ度が高まります。


こうなってくると大変なことになる。

自分はいまノドが渇いている状態なのか、渇いてない状態なのか、四六時中自分に問いかけていなければならなくなる。

何しろ「渇いている」と自覚したときは「すでに遅い」のだ。

「すでに」ということは「もはや」ということであり、「間に合わなかった」ということである。

とくに最後の一文！　単語でたたみかけていく東海林方式のこの展開、ぼくはとっても好き。

一緒に添えられる絵が、これまたいい絵なんです。

「小まめ」というフレーズに難くせをつけながら、「こういう人が意外に女に小まめだったりすることがあります　気をつけましょう」という注釈付きで描かれる、電車のつり革につかまったおじさん。このおじさんの表情がたまらないッ！

笑顔でもないし、無表情でもないし、ちょっと横目でこっちをチラ見している。「そうそう、こういう人が意外に小まめだったりするよなあ〜ッ」と思わせる力がある。こんな絵が描けるって、よっぽどのことですよ！

ちなみに東海林本の中には、「小まめ」や「さもしい」の他に、「セコい」とか「浅ましい」だとかいう言葉やそれに呼応する絵が結構な頻度で登場します。そういう風に形容される人の表情って、ふつうの人はなかなか具体的な像が浮かばないのではないでしょうか。けれど東海林さんの絵は、目にした瞬間に、「そうそうこういう人！」と膝を打ってうれしくなってしまう。

押しつけがましくないのに表情が的確で。「いい絵ってどんな絵？」と訊かれたら、ぼくは東海林さんの絵だと答えます。

　ぼくにとっては自分を自分に戻してくれるのが丸かじりシリーズ。出演作が重なって沢山の台本を読んであれをやったりこれをやったりしていると、うっかりすると何か自分が特別なことをやっているような気になる瞬間があったりします。そんな時に丸かじりのページを開くと、「自分はあくまでいち生活者である」って、ちゃんと居るべき世界に引き戻されるんです。だからロケにも必ず丸かじりを持っていきます。

　昔の丸かじりは見事な落語のように、入りからオチまでが或る「型」で構成されているような印象がありました。そこからじわじわと型が進化して、『バナナの丸かじり』では一篇の終わり方がいきなり突き放すような若干投げやりな時があるんです。それがイイ！　もはや禅の世界に突入していっている感さえあります。八〇歳を超えられた東海林さんにいよいよ次なる進化が始まって、さらに面白くなっていくんだろうなという予感に満ちていて、むしろこれから一層積極的に丸かじりを読むべし！

（俳優）

〈初出誌〉「週刊朝日」二〇一六年六月十七日号～二〇一七年三月三十一日号
（「あれも食いたいこれも食いたい」）。
本文中の価格、名称などは掲載時のものです。
〈単行本〉二〇一八年十一月　朝日新聞出版刊
〈DTP制作〉エヴリ・シンク

文春文庫

バナナの丸《まる》かじり

定価はカバーに表示してあります

2021年4月10日　第1刷

著　者　東海林《しょうじ》さだお
発行者　花田朋子
発行所　株式会社文藝春秋

東京都千代田区紀尾井町3-23　〒102-8008
TEL　03・3265・1211(代)
文藝春秋ホームページ　http://www.bunshun.co.jp

落丁、乱丁本は、お手数ですが小社製作部宛お送り下さい。送料小社負担でお取替致します。

印刷製本・凸版印刷

Printed in Japan
ISBN978-4-16-791680-0

（　）内は解説者。品切の節はご容赦下さい。

石井好子・水森亜土
料理の絵本　完全版
シャンソン歌手にして名エッセイストの石井好子さんの絶品レシピに、老若男女の心をわしづかみにする亜土ちゃんのキュートなイラスト。卵、ご飯、サラダ、ポテトで、さあ作りましょう！
い-10-3

石井好子
パリ仕込みお料理ノート
とろとろのチーズトーストにじっくり煮込んだシチュー……パリで「食いしん坊」に目覚めた著者の、世界中の音楽の友人と、忘れがたいお料理に関する美味しいエッセイ。（朝吹真理子）
い-10-4

飯窪敏彦　写真・文
日本全国
ソウルフードを食べにいく
帯広豚丼・仙台冷し中華・博多うどんから、ハントンライス・えびめし・白熊まで、その土地でしか味わえない、愛すべきソウルフード。帰郷したときいの一番に食べたい味、大集合！
い-96-1

海老沢泰久
美味礼讃
彼以前は西洋料理だった。彼がほんもののフランス料理をもたらした。その男、辻静雄の半生を描く伝記小説――世界的な料理研究家辻静雄は平成五年惜しまれて逝った。（向井　敏）
え-4-4

小倉明彦
実況・料理生物学
「焼豚には前と後ろがある」「牛乳はなぜ白い？」など食べ物に対する疑問を科学的に説明するだけでなく、実際に学生と一緒に料理をして学ぶ、阪大の名物講義をまとめた面白科学本。
お-70-1

季刊「新そば」編
そばと私
半世紀以上の歴史を誇る「新そば」に掲載された「そば随筆」の中から67編を集める。秋山徳蔵、赤塚不二夫、永井龍男、若尾文子など、日本を代表する人々のそば愛香る決定版。
き-43-1

（　）内は解説者。品切の節はご容赦下さい。

里見真三
すきやばし次郎 旬を握る
前代未聞！　パリの一流紙が「世界のレストラン十傑」に挙げた江戸前握りの名店の仕事をカラー写真を駆使して徹底追究。本邦初公開の近海本マグロ断面をはじめ、思わず唸らされる。
さ-35-1

高山なおみ
帰ってから、お腹がすいてもいいようにと思ったのだ。
高山なおみが本格的な「料理家」になる途中のサナギのようなころの、落ち着かなさ、不安さえ見え隠れする淡い心持ちを綴ったエッセイ集。なにげない出来事が心を揺るがす。（原田郁子）
た-71-1

西　加奈子
ごはんぐるり
カイロの卵かけごはんの記憶、「アメちゃん選び」は大阪の遺伝子、ひとり寿司へ挑戦、夢は男子校寮母…幸せな食オンチの美味しオカしい食エッセイ。竹花いち子氏との対談収録。
に-22-4

林　望
イギリスはおいしい
まずいハズのイギリスは美味であった!?　嘘だと思うならご覧あれ――イギリス料理を語りつつ、イギリス文化の香りも味わえる日本エッセイスト・クラブ賞受賞作。文庫版新レセピ付き。
は-14-2

平松洋子
世の中で一番おいしいのはつまみ食いである
キャベツをちぎる、鶏をむしる、トマトをつぶす……手を使って料理すると驚くほどおいしくなる。料理にとって「手」がいかに重要かを楽しく綴った料理エッセイ集。（穂村　弘）
ひ-20-1

平松洋子
忙しい日でも、おなかは空く。
うちに小さなごちそうがある。それだけで、今日も頑張れる気がした。梅干し番茶、ちぎりかまぼこ……せわしない毎日にもじんわりと沁みる、49皿のエッセイ。（よしもとばなな）
ひ-20-2

（　）内は解説者。品切の節はご容赦下さい。

サンドウィッチは銀座で
平松洋子　画・谷口ジロー
春は山菜、夏はうなぎ、秋は座敷で鍋を囲み、冬は山荘で熊料理！　飽くなき好奇心と胃袋で〝いまの味〟を探し求めた絶品エッセイと、谷口ジローによる漫画のおいしい競演。
ひ-20-3

ステーキを下町で
平松洋子　画・谷口ジロー
豚丼のルーツを探して帯広へ飛び、震災から復活した三陸鉄道うに弁当に泣き、東京下町では特大ステーキに舌鼓を打つ。かけがえのない味を求め、北から南まで食べ歩き。（江　弘毅）
ひ-20-4

ひさしぶりの海苔弁
平松洋子　画・安西水丸
このおいしさはなんですか。新幹線で食べる海苔弁の魅力、油揚げが人格者である理由、かまぼこ板の美学。食を愉しみ、食を哲学する名エッセイ。安西水丸画伯のイラストも多数収録。
ひ-20-6

あじフライを有楽町で
平松洋子　画・安西水丸
由緒正しき牛鍋屋、鯨の食べ比べに悶絶、パリのにんじんサラダの深さと濃さ。どこまでも美味しい世界にご招待！「週刊文春」の人気連載をまとめた文庫オリジナル。（戌井昭人）
ひ-20-7

肉まんを新大阪で
平松洋子　画・下田昌克
「ぶたまん」の響きは、聞いたそばから耳がとろけそう——うれしい時もかなしい時も読めば食欲が湧いてくる週刊文春の人気エッセイ76篇を収録した文庫オリジナル。（伊藤比呂美）
ひ-20-8

食べる私
平松洋子
食べ物について語れば、人間の核心が見えてくる。デーブ・スペクター、ギャル曽根、田部井淳子、宇能鴻一郎、渡部建、樹木希林など29人と平松洋子による豊かな対話集。（岩下尚史）
ひ-20-9

（　）内は解説者。品切の節はご容赦下さい。

平松洋子　画・下田昌克
かきバターを神田で
冬の煮卵、かきバター焼定食、山形の肉そば、ひな鳥の素揚げ、ちぎりトマトにニッキコーヒー。世の中の美味しいモノを伝え悶絶させてくれる人気エッセイ、文庫オリジナル。（堂場瞬一）
ひ-20-10

福田里香
まんがキッチン
料理まんがじゃないのに食べ物を描いてしまう。そんな漫画とお菓子への愛情が詰まったレシピ集。人気漫画家の萩尾望都、くらもちふさこ、羽海野チカ、よしながふみとの豪華対談も。
ふ-38-1

穂村　弘
君がいない夜のごはん
料理ができず味音痴……という穂村さんが日常の中に見出した「かっこいいおにぎり」や「逆ソムリエ」。独特の感性で綴る「食べ物」に関する58編は噴き出し注意！（本上まなみ）
ほ-13-4

森下典子
いとしいたべもの
できたてオムライスにケチャップをかけて一口食べた瞬間、懐かしい記憶が甦る——たべものの味には、思い出という薬味がついている。絵と共に綴られた23品の美味しいエッセイ集。
も-27-1

森下典子
こいしいたべもの
母手作りの甘いホットケーキなど、味の記憶をたどると胸いっぱいになった事はありませんか？　心が温まる22品の美味しいカラーイラストエッセイ集。『いとしいたべもの』続編！
も-27-2

米原万里
旅行者の朝食
ロシアのヘンテコな缶詰から幻のトルコ蜜飴まで、古今東西の美味珍味について蘊蓄を傾ける、著者初めてのグルメ・エッセイ集。人は「食べるためにこそ生きる」べし！（東海林さだお）
よ-21-2

安野光雅
絵のある自伝
昭和を生きた著者が出会い、別れていった人々との思い出をユーモア溢れる文章と柔らかな水彩画で綴る初の自伝。心温まる追憶は時代の空気を浮かび上がらせ、読む者の胸に迫る。

あ-9-7

阿川佐和子
いつもひとりで
ジャズ、エステ、旅行に食事。相変わらずパワフルに日々を送るアガワの大人気エッセイ集。幼い頃の予定を大幅に変更して今後は「いつもひとり」の覚悟をしつつ……？（三宮麻由子）
あ-23-12

阿川佐和子
「聞く力」文庫2
アガワ随筆傑作選
今度は「語る力」です！　お嫁さんを夢見る少女が日本を代表する仕事人になるまで、エッセイで辿るアガワの激動（？）の人生。秘蔵写真公開。（中江有里）
あ-23-23

浅田次郎
君は嘘つきだから、小説家にでもなればいい
裕福だった子供時代、一家離散の日々で身につけた習慣、二人の母のこと、競馬、小説。作家・浅田次郎を作った人生の諸事が綴られた文章に酔いしれる、珠玉のエッセイ集。

あ-39-14

浅田次郎
かわいい自分には旅をさせよ
京都、北京、パリ……誰のためでもなく自分のために旅をし、日本を危うくする「男の不在」を憂う。旅の極意と人生指南がつまった、笑いと涙の極上エッセイ集。幻の短篇、特別収録。

あ-39-15

安野モヨコ
食べ物連載
くいいじ
激しく〆切中でもやっぱり美味しいものが食べたい！　昼ごはんを食べながら夕食の献立を考える食いしん坊な漫画家・安野モヨコが、どうにも止まらないくいいじを描いたエッセイ集。

あ-57-2

朝井リョウ
時をかけるゆとり
カットモデルを務めれば顔の長さに難癖つけられ、マックで休憩すれば黒タイツおじさんに英語の発音を直され。『学生時代にやらなくてもいい20のこと』改題の完全版。（光原百合）
あ-68-1